JN410405

소통(疏通)과 배려(配慮)

조병무 수필집

소통과 배려

조병무 수필집

1판 1쇄 인쇄/ 2020년 5월 25일
1판 1쇄 발행/ 2020년 5월 29일

지은이 / 조 병 무
펴낸이 / 우 희 정
펴낸곳 / 도서출판 소소리

등록 / 제300-2007-21호
주소 / 03073 서울 종로구 성균관로 5길 39-16
전화 / 765-5663, 010-4265-5663
e-mail: sosori39@hanmail.net
www.sosori.net

값 13,000 원

*잘못된 책은 바꿔드립니다.

ISBN 979-11-5891-143-0 03810

조병무 수필집

소통과 배려

책을 내면서

또 한 권의 수필집을 내면서
무언가 머 언 옛일을 그리워하게 된다.

수필집이라면서 웬일인지 잡문이라면
더 좋을 것 같아 마음이 뒤숭숭해진다.

모든 이야기가 나 자신 살아온 현실의
모둠이기에 더욱 애착이 간다.

오랜 병고와 싸우면서 어떠한 경우라도
이겨야겠다는 신념 하나가 어쩌면 또
하나의 모습으로 보이는 것일까.

책을 발간하는데 어려운 일을 하여 주신
소소리 우희정 수필가에게 감사를 드린다.

2020년 초봄 사무사실에서

평리 조병무 절

▶차 례

I.

2.

3.

4. 시와 시인의 단상

1.

가을, 빛과 색의 풍요

가을은 한 폭의 수채화다. 자연의 신비로운 신령이 온갖 물감을 동원하여 밤낮 없이 뿌려서 새로운 그림을 그리는 계절이다. 우리들이 생활하는 주변의 모든 곳이 색채에 의해 뿌려진 빛의 천국이 되고 있다. 그 빛은 우리의 눈을 황홀한 곳으로 몰아 무아지경으로 만들어 주기도 한다.

가을의 산은 숲으로 이루어진 조형의 굴곡에 따라 온갖 형상을 만들어 내면서 사계의 특이한 모형을 조각하여 조각가의 이상형을 조성하려 한다. 그러한 숲의 모형에 물감을 채색하여 그려지는 그림들은 그 누구도 흉내 낼 수 없는 일급의 수채화로서 많은 사람들에게 회자되기도 한다.

나는 서울의 도심 공간에서 십여 년을 살다가 좀 더 자연의 맑은 품속으로 다가가고 싶어 수리산을 바라보는 자락으로 옮겨 살아온 지 또한 십여 년을 넘어서고 있다. 아침잠에서 깨어나 창문을 열면 수리산 자락이 창밖에 와 있다. 온갖 나무들이 숲을 이루어 모양새를 내고 있는 그 숲의 언저리를 산비둘기와 산까치들이 아침 노래를 부르며 왔다 갔다 한다. 때로는 창틀에 와서 앉아 사방을 두리번거리다가 나와 눈이라도 마주치면 이곳 저곳으로 자리를 옮겨 앉아 눈앞의 산을 멀뚱거리며 바라본다.

가을 단풍이 물들기 시작하면 아내와 함께 빨갛고 노랗게 물든 수리산을 오르면서 짙은 물감으로 그려진 그림들을 떠올리며, 지금까지 보아온 화가들을 상상하기도 한다. 우리는 넓고 넓은 화랑을 찾은 양, 사방을 두리번거리며 환호를 연발하면서 산길을 오르내린다. 그래서 가을은 물든 단풍나무를 보면서 빛의 계절이며 색의 계절이라고 할 것이다.

가을을 생각한다면 결실이라는 단어와 함께 풍요의 계절임을 알게 된다. 우선 어느 곳을 가도 담을 넘어 보이는 빨갛게 익은 감나무를 보게 될 것이다. 특히 농촌에 가면 어느 집 없이 마당 곁에 감나무 한 그루 없는 집은 찾기 힘들다. 어느 누가 지나다 담을 넘어 빨갛게 익은 감 한 개쯤은 따 먹어도 집주인은 빙긋 웃음을 머금고 바라볼 뿐이다.

지나간 일화 한 편, 내가 초등학교 시절 시골 큰댁에 놀러 간 적이 있다. 저녁에 조카들과 놀이를 즐기다가 무슨 좋은 대안이 없나 하고 의논을 하는데, 조카 왈 "저 건넛집 감이 너무 맛이 있는데 지금 따 먹으러 갈까?" "따 먹어도 될까?" "전에도 따다가 먹었어." 우리는 조카의 말에 "좋다. 따 먹으러 가자." 모두들 망태를 들고 건넛집으로 갔다. 모두들 쉬쉬하면서 담 밑에 몇 사람이 엎드리고 조카와 내가 번갈아 가면서 감을 따기 시작했다. 얼마쯤 지났을까. 갑자기 뒤에서 허리를 낚아채는데 주인집 사람들이었다. 감을 딴 나와 조카가 붙들려서 큰댁으로 왔다. 큰아버지 앞에 앉아 주인과 큰아버지의 심문이 시작되었다.

"남의 감을 따 먹었으니 벌을 받아야지." 주인의 말,

"우리 집에도 많은데, 왜 그랬어. 사과 하여라." 큰아버지 말,

"잘못했습니다." 우리들의 말,

"그럼 따 온 감을 열 개씩 먹거라. 그러면 보내주지." 주인의 말,

나는 그쯤은 먹을 수 있다고 생가하고선

"예, 먹겠습니다." 우리들 말,

이렇게 하여 나와 조카는 따온 감을 먹기 시작했다. 한 개 먹고 두 개 먹고 다섯 개 먹는데 목안이 이상하다. 머쓱하여 바라보고 있는데,

"더 먹어야지." 주인의 말,

우리는 어리둥절하여 고개를 숙였다.

"너희들 뭘 먹었는지 아느냐?" 큰아버지의 말,

"감, 감을…." 조카의 말, 그러자 주인이 큰소리로 웃으며,

"너희들, 무슨 일이든 감을 잡아야지, 남의 집 감을 따는 것이 옳은 짓인가 하고."

감을 먹었으니 감(感)인 '느낌 혹은 생각'을 잘 해야 된다는 이야기였다. 나와 조카는 마주보고 웃었다. 가을과 감에 얽힌 한 편의 콩트라 할 것이다.

특히 가을과 감은 상부상조의 관계를 연상할 수 있다. 감이

빨갛게 물들 때가 되면 가을이 온 것을 알 수 있을 정도로 감과 가을은 동일시한다.

풍요로운 가을은 또한 축제의 계절이라고 할 것이다. 특히 가을에 축제의 한마당을 펼치는 것은 가을이라는 계절이 보여 주는 풍요로운 결실과 단풍이 만개한 빛과 색의 조화로움이 사람들에게 동적인 활동을 하게 하는 것이다.

오늘날 전국에서 펼쳐지는 축제를 보면 단풍축제, 불꽃축제, 문화축제, 먹거리축제 등 여러 형태의 축제가 있다. 특히 지방에서만이 있는 특이한 요인을 축제의 마당으로 가을 행사를 한다. 지평선축제, 유등축제, 국화축제, 갈대축제, 철새축제, 탈춤축제, 알밤축제, 홍타령축제, 꼬막축제. 가고파축제 등 그 특징이 지역과 관련이 있음을 볼 수 있다.

각 지역에서 개최되는 축제는 그 지역에서 보존하고 싶은 풍속이나 풍물 등을 보여줌으로 그 지역의 특징을 알림은 물론 후손들에게 남기고픈 바람도 있음을 알 수 있다. 축제의 한마당이 일시적인 것으로 끝나지 않고 영원성을 가짐으로 보존의 가치를 오랜 역사에 남길 수 있지 않을까.

가을은 사계절 중에서 동적인 활력을 불어 넣어 주는 계절이며 시각적인 묘미를 가져다주기도 하고 삼라만상에 계절이 생존하는 의미를 보다 크고 넓게 보여주는 계절이다.

앞서 말한 바와 같이 가을은 한 폭의 수채화이며, 풍요한 빛과 색이 결실을 맺어 우리에게 다가와 있는 축복의 마당이다.

신조어 줄임말 시대 유감

오늘날 우리가 살아가는 시대는 빠르고 넓게 진행되는 속도전으로 진입하고 있으며, 지난날에는 모든 분야가 천천히 행동하면서 살아가는 느림의 양상이었다면 지금은 빠르게 빠르게 진행되는 시대로 접어들고 있다.

최근 각종 언론매체를 통해 접하게 되는 5G라는 말이 있다. G(Generation. 세대)가 세대를 뜻하는 단어이고 보면 5G는 5세대를 말하는데 한국정보화진흥원 자료에 의하면 1세대 통신은 음성만 주고받았고, 2세대에서는 음성통화에 문자 메시지까지, 3세대 통신은 동영상 전송까지 가능했고, 4세대에서는 LTE(롱텀에볼루션)의 기술을 바탕으로 음성, 문자, 영상 데이터를 3G 시대보다 10배 빠르게 주고받게 되었다. 그리고 5세대 통신은 가장 적절한 표현으로 '1차선 도로가 10차선 고속도로로 변신했다'고 설명하니 지금보다 10배 이상 빠르게 음성, 영상 등을 주고받을 수 있어 초고속, 초저지연성, 초연결성 등이 5G의 특징으로 엄청난 변화라 할 수 있겠다.

근년에 들어 '미투(MeToo)'라는 용어가 자주 등장한다. 이는 '나도 당했다'라는 말로 성폭력을 사회에서 고발하는 용어로 일반화되고 있으며, 오늘날 정치계나 문화계에서 성폭력문제가 사회적으로 정화되는 양상으로 사용되고 있다. 이렇게 변화의 시대를 살아가는 오늘날 정치인이나 언론 매체에서 빠르게 소통하기 위해서 '줄임말'이 일반화 되는 경향으로 흐르고 있으면서 몇 가지 단어를 주로 초성만을 뭉쳐서 하나의 단어로 소통하려는 것이다. 핸드폰에만 사용되는 신소어들이 정치계와 언론매체에서 많이 나타난다.

요즘 정치인이나 언론에서 '내로남불'이라는 말을 많이 사용하고 있는데 이것은 '내가 하면 로맨스 남이 하면 불륜'이라는 말의 단어 첫 음만으로 표현한 것이다. 언론 매체에서 '추경 내로남불 - 집권 2년도 안 돼 3번째'라는 머리기사를 사용하고 있으며, 그리고 또 '낄끼빠빠'라는 '낄 때 끼고 빠질 때 빠진다'라는 말도 역시 언론에서도, '낄끼빠빠 모르는 정치'라는 제목을 사용하면서 제목의 큰 글자 밑에 작은 글자로 그 내용을 알려 주고 있다. 이렇게 사용되는 말을 찾아보면 "개 · 망 · 신 · 법=(개인정보 규제3법)에서 국회에 계류된 개인정보 관련법은 세 가지, 개인정보보호법, 정보통신망법, 신용정보법, '빅데이터 관련 3법'이라고 불리지만, 일각에선 명칭에서 한 글자씩을 따 '개 · 망 · 신 · 법'이라고 부른다."라고 기사화하고 있다.

이러한 줄인 말을 찾아보면 '피미족(피서처럼 미세먼지를 피해 다니는 사람들)' '상저하고(상반기 부진, 하반기 반등)' '가심비(가격대비 심리적 만족도)' '이선좌(이미 선택된 좌석)' '지공거사(지하철 공짜 타는 노인)' '어부전(어차피 부산 때문에 전북은 안 된다)' '노슬아치(노인+벼슬아치)' '취가(취업 대신 장가)' '襄杆之風(양간지풍: 양양·간성의 봄철 강풍)' '부울경(부산·울산·경남)' '듣보잡(듣도 보도 못한 잡것)' 등 이루 헤아릴 수 없을 만큼 많이 사용되고 있다. 지난 4월 중순 어느 언론에서 '진인폰'이라는 제목으로 '차(車) 6천대 팔아치운 판매왕 가슴에 '진인폰 대천면"이라는 알쏭달쏭한 말로 '진심, 인사, 휴대폰'이라는 설명을 붙여줘 읽는 이로 하여금 웃음을 자아내게 한다.

지금까지 살펴본 줄임말의 표현 양식도 5세대의 새로운 언어 사용의 변화라고 볼 수 있지만, 일반인들이 과연 이런 말들을 얼마나 알고 이해할 수 있을까? 앞으로 어떤 언어의 새로운 양상이 나올지, 언어 혼란의 시대가 올까 심히 우려된다. 오늘날 살아가는 시대는 무서울 정도로 인간의 모든 요소가 기계화하는 양상으로 빠르게 변하고 있지만, 그래도 민족성의 뿌리는 훼손되지 않아야 할 것이다. 세계에서 인정하는 자랑스러운 우리 한글이 아름답게 보존되도록 기성세대나 신세대 모두가 정신을 바짝 차리고 우리말의 가치를 새겨보아야 할 때이다.

(문학의 집 서울, 2019년 6월호 제212호)

문학의 힘과 생명

남산 자락에 열한 번째 돌을 맞는 '자연을 사랑하는 문학의 집 · 서울'의 가을 풍광은 자연이 만든 궁전 속의 수채화였다. 단풍이 물들어가는 빛깔은 사람들의 마음까지 물감으로 수놓아 모여든 회원들의 얼굴이 단풍을 닮아가고 있었다.

지난 10월 26일 금요일 오후 3시 '2012년 서울문학인 대회'가 산림문학관에서 많은 문학인들이 모인 가운데 '문학의 사회적 역할'이라는 주제로 심포지엄이 개최되었다. 빈자리 없이 대회장에 모인 문학인들이 오랜만에 만난 선후배들과 손을 맞잡고 인사를 나누면서 정감을 나누는 모습은 이곳 문학의 집만이 지닌 오랜 한 폭의 그림이다.

김후란 이사장의 "급변하는 사회현상과 함께 오늘의 사회가 안고 있는 극단적인 문제들의 심각성을 생각할 때, 문학인의 입장에서 사회의 흐름에 어떻게 작용할 수 있겠는지를 몇 가지 각도에서 추구 검토할 필요성을 절감한다"는 인사말에 이어 황금찬 고문과 김종길 고문의 축사가 있었다. 두 문단의 어른들은 문학의 중요성을 강조하면서 문학의 필요성을 말할 때 후학 문학인들의 자긍심을 심어 주기도 했다.

권영민 문학평론가가 좌장을 맡아 진행하면서, 발제 강연으로 유종호 문학평론가로부터 오늘의 주제에 대한 핵심을 들려주었다. '문학의 사회적 역할'에서 특히 '문학이 하는 일'을 중점적으로 접하면서 여러 가지 세계문학인의 실증적인 예시를 구체적으로 설명했다. 피터 버거는 사회학의 모티브가 폭로의 모티브임을 학생 시절 첫 사회학 강의에서 터득했다고 했다. 전래동화, 우화와 서사문학의 문제에서 문학이 주는 감미로움과 효용성의 문제 등 문학 전반에 관한 역할을 세계 문학인의 입지를 통해 들려주었다.

발표문에서 '문학은 예술 가운데서도 가장 풍요하고 다양한 지식의 원천이 되어 있다. 문학을 통해 인간은 자신의 모습을 발견하고 비판적인 자기 인식에 도달할 수도 있다. 문학이 하는 일 가운데서 가장 큰 일이다' 그리고 '문학의 세계는 현실의 일상세계와 다른 사사로운 별세계다. 텍스트와 독자의 거래로 생겨나는 별세계이기 때문에 사사롭다는 것이다. 독자는 번잡한 일상에서 그 별세계로 도피하여 상상 속의 삶을 산다'라는 문학의 광활한 영활을 제시하여 주었다.

이승원 문학평론가는 '인성 개발과 문학의 효용'이란 주제로 문학이 인성 개발에 끼친 영향에 대하여 우리나라 초등학교 국어 과목 중 문학영역에 관한 교육과정과 관련 문학의 효용성을 설명했다. 동서양의 인격수양이나 도덕적 감화, 그리고 교훈주의적 문학관을 여러 문학인과 명사들을 예시로 인성 개발의 문제와 효용적 가치를 풀어갔다.

최동호 시인은 '인문학과 문학 교육'이란 주제로 오늘날 인문학의 열풍에 대하여 '인문학의 핵심인 문학을 통하여 인간으로서의 자기 자신을 현실적인 존재로 자각하는 순간'의 중요성을 오늘날 기계문명의 가속적인 발달로 소통과 소외의 심각성을 지적하고 있다. 오늘날 디지털적인 상황에서 인문학 중에서도 문학 교육의 중요성을 인간 중심의 관점에서 살펴봄으로 인간과 자연과의 유기적 관계 등에 완성도를 높이도록 하고 있다. 디지털 기술에 의해 인간의 무중력 상태, 마취상태 등 인간을 타락시키는 도구로 예속되지 않고 독자적인 인간으로 생을 긍정하고 현실적 존재로 자각하는 순간은 문학을 통하는 길임을 강조한다. 오늘날 현실이 안고 있는 실상을 잘 지적해 주었다.

이길원 시인은 '문자의 힘과 문학'이란 주제 발표에서 지구상에 사용되고 있는 언어가 600개 정도에서 현재 2500개 정도의 언어만 살아남아 있으나 문자가 있는 언어는 60개 정도임을 지적하면서 한글의 중요성과 실용적 가치에 대하여 구체적인 통계를 내세워 문화의 우월성을 강조하였다. '한글이야말로 문학 표현의 세계적인 언어임을 강조하면서 세종대왕이 창제한 한글이 우리 문학 발전은 물론 문화의 보존과 전수에 어떤 역할을 할 수 있는가를 짐작할 수 있는 언어'임을 강조하고 있다. 지난번 경주에서 개최된 국제PEN대회에서 한글문자의 위대성을 주장하는 세계 문학인들의 이야기도 소개했다.

토론자로 참여한 김현자 문학평론가, 박덕규 소설가, 김유선 시인들은 문학의 역할에 대한 발제자들의 논조에 대체로 공감을 나타내면서 문학의 효용과 교육, 그리고 문학의 힘에 대하여 나름의 의견을 덧붙이기도 했다.

문학의 집에서 매년 10월에 개최되는 서울문학인대회는 많은 문학인들이 기다려지는 정기 행사로 자리를 잡았다. 특히 이날은 오늘날 우리 문학이 안고 있는 현실적인 문제를 찾아 진지한 발제와 토론은 물론 문학에 대한 새로운 감각을 찾아내고 자신의 창작 활동에 도움이 된다는 점이 회원들의 공통된 의견이다.

그뿐만 아니라 이곳 행사에 참여한 문학인들은 전국에서 참여하는 문인들의 만남의 장소이며 사랑방임을 자처하면서 서로서로 손을 잡고 헤어지기를 싫어하는 표정들이 회원들의 얼굴에 나타나 있다. 한국근대문학 100년이 넘어가는 이 현실에서 많은 문학 모임들이 존재하지만 인간적인 공감과 활력을 받을 수 있는 현장은 드물다.

문학의 집에서 매월 개최하는 '수요문학광장'과 '음악이 있는 문학 마당'에서 문학인의 현장 발언이 주는 감동과 작고 문학인들의 추억과 업적을 찾아가는 모임에서의 교감 역시 남산골의 풍광의 한 토막이다.

이날 서울문학인대회를 기념하는 별책문집 『문자, 문학의 울림』에서 문자의 힘으로 작품을 창작하는 25명의 문학인들의 현장감 있는 발언에서 '문자는 생명'이라는 감격적인 목소리의 사회적 역할에 대한 경각심을 더욱 심어 주었다고 할 것이다.

(2012년 서울의 집, 문학학인대회 참관기)

'헬로 에그'와 삶

당시 국민(초등)학교 6학년 때 6·25전쟁이 터졌다. 라디오 방송은 연일 전투 상황을 알리고 있었다. 38선과는 거리가 너무나 멀리 있는 마산은 그래도 전쟁의 소용돌이에서 무사하기를 기원하며 학교에 다녔다. 선생님께서 유엔군이 우리를 돕기 위해 부산에 도착했다는 뉴스를 전해 주자 학생들은 모두 일어나 박수를 쳤다. 그러나 전쟁 불과 12주여 만에 낙동강 상류까지 북한군이 진격해 왔다는 뉴스에 모두들 걱정이 태산이다.

우리 아버지는 제2차 세계대전을 일본 오사카에서 겪었기 때문에 전쟁의 공포는 물론 비행기의 폭격이 무섭다는 것을 체험으로 알고 계셨다. 가족을 모아 놓고 폭격은 주로 도시를 강타하기 때문에 우리들이 살고 있는 마산이 위험할 수 있다고 말하면서 시골 함안 이모님 댁으로 필요한 것만 남겨두고 옷가지 등을 옮겨야겠다고 하신다.

다음날부터 짐들을 옮기는 일들이 진행되었다. 전쟁으로 트럭은 징발되었기 때문에 소달구지를 이모님 댁에서 와서 몇 차례 싣고 갔다. 그런 후 얼마 지나지 않아 인민군은 마산을 둘러싼 무학산 뒤쪽 감천까지 들이닥쳤다고 하면서 모든 시민들은 가덕도로 피난을 하라고 길거리 방송을 한다.

밤이면 무학산 뒤쪽에서 대포소리 들리고 불꽃이 하늘을 치솟는다. 모두들 가덕도로 피난을 갔지만 우리는 가지를 않았다. 아버지께서 이 많은 식구 피난 가봤자 고생만 할 것이니 모두 집에 숨어 지내자고 하신다. 가덕도나 마산이나 폭격을 하기 시작하면 어디나 마찬가지라는 것이다. 우리 형제 7남매를 합쳐 아홉 식구가 피난길에서 고생할 것이 두려웠던 것이다. 일본에서 겪었던 전쟁의 두려움이 아버지의 마음을 누르고 있었던 것이리라.

우리 국군과 유엔군은 낙동강 방어에 전력을 다하면서 방어전을 펼치고 있다고 아버님이 전해 주면서 마산은 다행히 전쟁의 참화에서 벗어날 수 있다고 우리들을 진정 시켜 주신다. 몇 주가 지나자 문제가 생겼다. 먹을 양식이 바닥이 나는 것이다. 형님이 학도의용대 사무실에 다녀오더니 날 더러 내일부터 미군부대를 돌며 계란 상사를 하면 밀가루라도 구할 수 있을 것이라 한다.

다음날 신마산에 있는 학도의용대 사무실에 가서 허가증을 얻어 계란 더미를 사과 바구니에 넣고 신마산 공설운동장에 진을 친 미군부대 근처를 돌며 계란 장사를 시작했다.

"헬로 에그, 헬로 에그."

큰소리로 계란이 왔다고 소리를 외치며 부대 철망 근처를 왔다 갔다 하면서 계란 바구니를 들어 올려 보인다.

"헬로 에그으으으… 헬로 에그으으으…."

더 큰 소리로 외치자 저 쪽에서 미군 병사 두어 명이 철조망 근처로 온다.

"헤이, 에그 보이."

나는 빠른 걸음으로 철조망 곁으로 바짝 다가갔다.

"헤이, 하우머치?"

병사는 가까이 오라고 하면서 초콜릿을 들어 보이더니 양손을 돌려 보이면서 바꾸자는 시늉을 한다.

나는 손가락을 둥근 모양을 하면서 "노오. 머니, 머니, 원 한 드레이트."

어설프게 몇 마디 들은 풍월로 말을 건넨다.

"노. 보이, 프리센트, 프리센트."

미군은 초콜릿 봉지를 철조망 사이로 나에게 던져준다.

그러면서 동전을 몇 개 나의 손바닥에 놓아주면서 "에그, 쓰리, 쓰리."

나는 즉각 세 개를 달라는 구나 하면서 동전을 보니까 다섯 개다.

종이봉투를 내어 계란 다섯 개를 넣어 주니까. 그 미군 병사는 손가락 세 개를 들어 보이면서 "노오, 오오, 쓰리 에그."

세 개만 자신의 호주머니에 넣고 두 개를 도로 나에게 준다. 나는 그 병사를 잊을 수가 없다. 한번은 계란 바구니를 몽땅 빼앗긴 적도 있었다. 철조망 근처를 맴돌며 계란 바구니를 들고 "헬로, 에그ㅇㅇㅇ, 헬로 에그ㅇㅇㅇㅇㅇ." 하며 고함을 질렀다. 그날은 훈련이 있는 날이라 미군이 잘 보이지 않는다. 그런데 저켠에서 미군 병사 한 명이 철조망 가까이로 오더니 "헤이, 에그 보이."

나를 부르면서 가까이 오라고 한다. 그러면서 계란 바구니를 달란다. 나는 계란 바구니를 높이 들어 그에게 건넸다. 그 미군 병사는 히죽 웃으며 계란 바구니를 들고 부대 안으로 달아나 버리는 것이다. 나는 화가 치밀어 손으로 욕 시늉을 하면서 "헤이 사나가뱃치, 헬로, 사나가벳치."

고함을 질러 보았자. 그날은 허탕을 치고 울면서 돌아온 기억이 난다.

전쟁은 인천상륙 작전으로 인민군은 후퇴를 거듭하면서 북으로 달아나고 있었다. 뉴스를 들으니 함안이 인민군 치하에서 벗어났다면서 몸이 불편한 아버지께서는 함안에 두고 온 짐들이 걱정이 되어 어머니더러 한 번 가보고 오라고 하신다. 어머니는 나를 데리고 마산서 함안까지 걸어서 가기로 했다. 왜냐하면 젖먹이 여동생을 두고 갈 수 없어 나와 어머니가 번갈아 업고 갈 수밖에 없었다. 가다가 운이 좋으면 지나가는 차를 세워 태워 달라고 할 수도 있는 시절이었다. 철로 길을 따라 함안으로 걸어가고 있었다. 나는 죽음의 시신을 그렇게 많이 본 적은 그때 아니고는 없었다. 철로 길 옆으로 경사진 비탈길에 나뒹굴고 있는 국군과 인민군의 시체들, 어린 나이에 죽어 있는 인민군의 시체는 물론 시신에서 썩어 문드러진 틈 사이로 피가 엉켜있는 모습은 "전쟁은 무서워요. 엄마!"라고 몇 번이나 울먹이며 어머니 손을 꽉 잡고 안겼던 기억이 새삼스럽다.

전쟁은 끝나고 중학교 시절, 국어 선생님으로 정 선생님이 계셨다. 어느 날 작문 시간에 「전쟁」이라는 제목으로 작문을 시켰다. 나는 그때 문득 시체가 나뒹굴고 있었던 그 철로길 옆의 참상이 떠올랐다.

조선 동족끼리
얼굴 보며 왜 싸워요
같은 피 흘리며
엉켜 붙은 철로길 바닥에
형, 아부지 부르는 소리 들려요
울면서 들려요

작문 시간에 쓴 시의 몇 행이다. 그때 선생님은 이 작품들 중 잘된 것을 골라 프린트 판으로 책을 꾸며 주셨다. 이 책은 울산대학교 평리문고에 출판년도 미상으로 보관되어 있다. 눈물 없이 읽기 어려운 내 어린 시절의 처녀작이기도 하다.

새로운 시대에 문학의 길

오늘날 우리가 살고 있는 세기는 거대한 첨단과학시대로 바뀌고 있다는 사실을 알아야 한다. 말하자면 첨단과학 문명의 충격이다. 이러한 요동은 인간의 정신을 '어느 곳으로 몰아가고 있으며, 어느 곳으로 안착 시키려는가'라는 질문에 고민해야 한다.

미술이나 음악, 그리고 연극, 영화 등은 그러한 첨단과학의 충격을 흡수하는 단계에 있다. 문학은 문자에 의존하는 예술이기 때문에 충격의 문명을 받아들이는 과제를 찾아야 한다.

현재와 미래의 시대는 IT혁명, 디지털혁명이라는 말을 한다. 모든 분야에 있어서 공간 영역과 시간 영역의 변화를 가져왔다. 통신 영역의 변화에서부터 반도체, 소프트웨어 등 각 분야가 혁신을 일으키면서 인간의 사고와 삶의 모습을 바뀌어 놓고 있다. 이들의 모든 매체가 활발하게 숨을 쉬면서 어쩌면 인간의 능력을 초월하고 있다.

세상의 변화를 언론은 '유비쿼터스(Ubiquitous) 시대가 왔다'고 하면서 'MP3플레이어를 입고 다니면서 음악을 감상하고, TV를 보면서 안방에서 국회의원 투표를 자유자재로 하는 미래가 현실로 도래했다'고 기사를 싣고 있다. 그래서 이 보도는 이러한 세상을 두루마리 디스플레이로 신문을 구독하는 시대라 한다. 그리고 손바닥 안에서 인간에게 초첨단의 위력을 안겨준 스마트폰은 문학과 어떻게 접근하느냐는 문제에 직면하게 된다. 그런 면에서 백남준의 비디오아트는 하나의 새로운 시도라 할 것이다.

이러한 현상은 무엇을 말하는가. 반도체나 통신, 소프트웨어의 모든 첨단 분야가 축적된 기술력에 의해 큰 파장을 일으키며 보급되는 사이, 인간은 자신도 모르게 첨단기술의 혜택 속에서 숨 쉬고 그 흐름에 따르는 유비쿼터스 혁명의 깊숙한 곳에 감금당하고 있다. 말하자면 유비쿼터스 혁명은 인간의 몸속에 새로운 정신적 형태로 들어와 자리 잡은 것이다.

문학은 첨단과학의 길목에서 새로운 시도를 행하고 있다. 가령 전자책이나 스마트폰 속에서 울림하는 문학의 소리라든지 사진과 그림, 그리고 건축이나 도형으로 접목하는 형태로 진행되고 있다. 가령 최근 하이퍼시, 디카시, 2행시, 무의미 시, 기호시, 공연시 등 많은 시도를 행하고 있음은 첨단과학시대를 향하는 지름길이 될 것이다. 첨단과학의 다양한 기술혁명에 인간은 왜소해지고, 기술력은 거대해지고 있음은 부인할 수 없다.

백치(白痴), 공백지대 동인

우리 문학의 기술에 있어 문학사의 일면을 장식하는 정사의 기술은 반드시 필요하다. 그러나 정사 이외의 이면사는 문학의 실제적 활동의 산파적 기능을 가지기 때문에 그 기록은 필요한 것이다. 마산의 백치(白痴)동인과 서울의 공백지대(空白地帶) 동인을 들 수 있을 것이다.

백치동인은 경남 마산에서 1956년 탄생한 문학 동인이다. 그 당시의 이들 동인은 모두가 고등학교 재학 중인 학생이었다. 현재 한국문단에서 활동하는 현역 문인의 면면을 보면 이제하, 이광석, 박현령, 송상옥, 김만옥, 김병총, 추창영, 조병무, 김용복, 이수춘, 김승자, 염기용, 강위석, 허 유, 주문돈, 권영신, 김새호 임철규 등이다. 문단활동은 하지 않지만 당시 동인으로 활동한 변재식, 전일수, 정종옥, 임혜진, 유동석, 장기진, 박영근, 하기주, 황성혁, 노재열, 박봉진, 이홍규, 강홍조, 김상애, 임혜자, 김숙녀, 최익자, 정정희, 김현용 등이 동인으로 적을 두거나 도중에 활동을 그만 두었다.

동인의 최초의 발기는 변재식, 전일수, 이광석, 박현령이 추진위원이 되어 회칙과 회원을 규합하여 창립총회를 단기4289(1956)년 1월 3일 화요일 오후 2시에 마산시 상남동 전일수 댁에서 열렸다. 회의 순서는 개회선언, 준비위원(발기위원) 소개, 정회원 발표와 소개, 취지 낭독, 회칙심사, 임원선정, 차후 행사에 대한 의논으로 기록되어 있다.

이날 임원은 회장에 변재식, 총무에 이광석, 정종옥, 문화반장에 권영진, 외무반장에 전일수가 맡았다. 이날 낭독한 취지문은 박현령이 쓴 것으로 "사람이란 편안히 먹고 쉬고 살아 움직인다는 것은 그것만으로서 만족하지 못하는 그 지점에서 시작하여 억센 발버둥과 투쟁이 있고 눈물이 있고 비참함이 쌓여진다고 생각합니다. 그래서 인간에게는 그 이외에 부여된 현실과 정반대되는 꿈이 있고 이상이 있어서 이것을 살리고 현실화시키기 위한 수많은 사람들의 노력도 전개되고 있는 것입니다. 이 가난하고 무지하고 폐허된 우리나라에 어렵고 외로운 이 문학의 길을 가시려는 분이 우리 고장에서도 이렇게 많다는 것이 너무나 마음 든든한 일이 아닐 수 없습니다.(이하생략)"라는 취지문을 읽어서 박수를 받았다.

백치동인의 모임은 그 당시 피난 이후의 정국으로 마산에 많은 문인들이 포진하고 있었다. 김춘수, 이원섭, 문덕수, 정진업, 김수돈, 이 석, 김세익 등 문인들의 적극적인 협조가 있었다. 주로 동인들의 행사에 와서 문예 강좌를 하여 주기도 하면서 동인들의 힘이 되어 주었다.

이들 동인들의 발기 이후의 첫 행사의 프로그램을 보면 첫 장에 '시 낭송 - 문예강좌의 밤'이라는 표제를 달고 '때: 1956년 1월 23일 오후 6시 30분, 곳: 노비산 제2신생원, 강사: 이원섭 시인'으로 되어 있다. 시낭송은 주로 자작시가 아니고 기성시인들의 작품을 낭송하여 참석한 동료 고등학생들의 박수를 받았다. 첫 번째 발표회는 성황을 이루었으며 프로그램은 이제하의 멋진 컷이 일품이있다.

마산을 문향으로 만들었던 그 50년대 후반기는 마산, 통영, 진주 등의 기성문학인들의 활동도 백치문학 동인들에게 많은 힘이 되었다. 이들 동인들은 주로 전일수의 하숙방이나 노비산 입구에 있었던 이제하의 집에서 모임을 가지기도 했다.

당시 마산의 각 고등학교의 학생부의 요시찰 문제 학생 인물로 리스트에 올라 시내에서나 모임에서 학생부 선생들의 감시의 대상이 되었다. 왜냐하면 당시만 하더라도 남녀학생들이 모임을 함께 한다는 것은 학칙에 저촉이 되고 문제 학생으로 낙인이 된다.

그러나 이러한 일들을 옹호해 주신 분들이 당시 학교에 선생님으로 계셨던 문인들이었다. 매년 방학 때만 되면 낭송회 등을 함으로 마산의 문학열을 돋우곤 했다. 56년 57년이 지나자 대부분 동인들은 대학으로 지방으로 흩어져 각자의 길로 갔다. 방학 때가 되면 고향으로 낙향하여 백치 시낭송회와 시화전을 개최하여 동인의 친목을 나누었다. 1963년 3월 11일 마산 미화당에서 개최한 '문학의 밤'이 동인들의 행사로는 마무리였다. 이 행사에 김춘수, 김수돈, 정진업, 이 석 시인께서 찬조로 나와 주었다.

그리고 시화전도 이들은 열심히 개최하였다. 1958년 8월 이제하, 추창영의 콜럼비아 다방에서의 시화전, 1958년 11월의 조병무, 김용복의 백랑 다방에서의 시화전, 1961년 1월 이광석의 시와 이제하의 소묘를 곁들인 시화전이 콘티넨탈 다방과 콜롬비아 다방에서 열렸다.

많은 동인들은 문단에 진출하여 문학 활동을 시작함으로 그들 나름으로 각자 좋은 작품으로 문예지에 작품이 오르기 시작했다. 신춘문예의 당선, 문예지 추천의 관문을 거쳐 활발한 활동을 개시했다. 다만 이들 동인들의 아쉬움이 있다면 한 권의 동인지도 내지 않았다는 점이다. 대부분 각자의 개성이 강하고 고등학교 졸업 후 각지로 흩어져 모임의 기회가 좁아지고 각각의 장르를 달리 했다는 점이 동인지를 갖지 못한 이유라면 이유다.

그러나 이들 동인들은 문단에서 대부분이 좋은 활동을 하고 있음으로 우리 문학의 든든한 주축이 되고 있다는 점은 부인하지 못할 것이다.

1957년 서울에서 당시 대학에 갓 입학한 서울시내 각 대학의 국문학과 학생들이 모여 만든 동인이 공백지대 동인이다. 이때의 동인들의 명단을 보면 허영자, 조병무, 박재능, 이세기, 최희숙, 김병현, 이상규, 황정호, 신경식, 오세숙, 조재혁, 김종기,

국채진, 안정환, 이홍만, 고재환, 오선균, 백원배, 김영철 등이었다.

주로 서울대, 숙명여대, 이화여대, 연세대, 동국대의 국문과 학생으로 매주 지금의 대학로인 당시의 서울문리대 안의 은행나무 아래 모여 담론을 나누고 격론을 벌이고 하다가 막걸리집으로 몰려가 술에 곤드레 되기도 하였다.

이들 모임은 첫 번째 모임이 단기 4290(1957)년 11월 12일 오후 6시에 동방문화회관에서 '제1회 문학의 밤'을 개최하고 있다. 박두진 시인의 축사와 특별찬조 강연에 박연준 소설가와 '현대문학 지향에의 제언'이라는 제목으로 조연현 평론가의 강연이 프로그램에 나타나 있다. 프로그램의 인사말에서 '우수수 낙엽이 지는 계절입니다. 여기 서러운 비를 세워두고 지나간 고인들의 길섶 한 그루 무궁화에 소곳이 모인 꽃망울이 고히 기도를 올립니다. 외로운 기도가 아닙니다. 괴로운 기도가 아닙니다. 내일에는 기여, 우리에게도 올 기약이 있는 흐뭇한 기도입니다. 그러나 누구나 지나는 짧은 삶의 여정이 서글퍼 메아리를 찾아 부끄러움을 감싸며 피어보려는 욕망입니다. 향기를 피여 보고픈 조촐한 모임입니다.'라는 제법 인생무상을 느끼는 구절로 되어 있는 것을 보면 전후의 시대적 우울증이 모두에게 도사리고 있음을 느낄 수 있다.

당시의 대부분의 문학 지망생들이 그랬듯이 동인들의 모임이 끝나면 주로 명동 뒷골목의 막걸리 집으로 몰려간다든지 광화문의 비각 옆 골목 속칭 피맛골 입구에 있는 열차집에서 빈대떡 한 접시 놓고 소주나 막걸리에 취하면서 문학에 대한 토론은 식을 줄 몰랐다.

이 당시 최희숙은 학생의 신분으로 소설 『슬픔은 강물처럼』을 발간하여 장안의 화제를 불러일으키기도 하였다. 이 소설은 당시 프랑스 여류작가 사강이 세계적인 베스트에 올라 있은 때라 최희숙의 작품은 이에 능가했다. 시에 허영자, 박재능이 등단하고 소설에 최희숙, 이세기가 등단하고 평론에 조병무가 등단함으로 공백지대의 활동은 남자들의 군대 입대 등으로 흐지부지되고 말았다.

백치동인과 공백지대 동인은 문단에 어떤 주의 주장은 나타내지 않았다 하더라도 이들이 활동한 시대가 전후의 가장 아픈 민족의 수난기였다는 점에서 문단사에 주목의 대상이 될 수 있다고 본다.

불교와의 깊은 인연

1955년 마산 추산동에 있는 불교 포교당의 법당 안에는 뜨거운 열기로 가득 차오르고 있었다. 이수산 거사님의 불교 교리에 대한 열강이 카랑카랑하고 웅장한 목소리로 법당 문밖까지 울려 나왔기 때문이다.

그 무렵이 이승만 대통령의 불교정화운동의 하나로 대처승과 비구승 간의 격렬한 마찰로 새로운 불교운동이 태동한 시기이기도 하다. 이러한 바람이 마산포교당에서도 불어와 그 당시 주지 스님이신 고암 큰스님과 이봉제 신도회장님의 주선으로 법당에서 오랜 기간 동안 이수산 거사님을 모시고 불교에 대한 교리 강좌를 개실하고, 큰스님들의 법문을 듣는 기회를 갖게 되었다.

이수산 거사님의 열정적인 강론은 당시 학생들의 인기를 얻어 박력과 위엄과 혈기가 넘쳐 절정이었다. 두 손을 높이 하늘을 향하는가 하면 탁자를 크게 퉁 치며 일갈하는 기세는 감동이었다.

일반 시민은 물론 이러한 강론의 기회를 얻지 못한 시내 많은 고등학생들에게 알려져 강론이 있을 때마다 각 학교의 학생들이 모여들기 시작했다.

나는 그때 마산상업고등학교 2학년이기 때문에 우리 위의 3학년 선배들이 주축이 되어 '마산불교학생회'를 결성하게 되었다. 아마 우리나라 최초의 불교학생회가 될 것이다. 회장으로 선출된 김태문 회장은 그 당시 회를 이끌어 가는 탁월한 실력을 보여 많은 학생들이 서로 상부상조하면서 마산불교학생회의 새로운 면모를 보여 주기도 했다. 매년 '설산'이라는 프린트판 회지를 필사에 재능이 있는 김봉세가 맡아 발행하기도 하고, 또 4월 초파일 행사로 마산방송국에서 라디오드라마를 회원들이 출연자가 되어 전파로 내보내기도 했고, '지옥도'라는 연극을 마산은 물론 진주, 통영, 고성 등지로 다니면서 공연을 하기도 했다. 나는 그때 연극에서 단역으로 나오는 석가모니 부처님 역을 맡아 잠깐 나왔다가 연기와 함께 사라지는 연기를 했다. 이러한 기록은 마산뿐만 아니라 우리나라 불교계의 큰 업적으로 기술되어야 한다.

초대 김태문 회장은 그 당시 이광석, 김진백, 강일중, 전일수, 홍순만 선배 등과 2기 회장은 내가 맡으면서 우리 동기인 김봉세, 최승연, 김진개, 김재곤, 김재영, 장말순, 정성진, 김순년, 임영옥, 민돌이 등의 도움이 컸다. 3기인 백기자, 김병록, 황성혁, 황일청, 홍성대, 조희순 등이 본격적인 활동을 했다. 윤재근은 그때 법당 뒤의 방에 기거하고 있었다. 이들이 후일 고등학교를 졸업하자, 직장으로 대학으로 훌훌 떠나갔으나, 여름방학 때, 모두들 약속이나 한 듯 포교당으로 모여들게 되었다.

1957년 여름이라고 기억된다. 마산불교학생회에서 고등학교를 졸업한 회원들이 모여 마산불교청년회를 결성하게 된다. 물론 회원은 마산불교학생회를 졸업한 모든 회원과 또 뜻을 같이 하는 회원들이 참가했다.

기억으로는 그때 청년회에서 불교청년회 포교강연을 경주를 위시하여 통영, 진주 등으로 홍순만, 김봉세, 조병무 등이 다니면서 기염을 토했다고 생각된다. 지금 생각하면 당돌한 일이 아니었나 생각하면서 웃음을 머금을 수밖에 없다.

마산불교학생회와 마산불교청년회의 역사적인 기록은 소중하게 보관된 '설산'과 몇 장의 인쇄물, 그리고 사진 속에 남겨지고 있을 뿐이다. 서울에서는 오래전부터 위의 분들을 중심으로 '설산회'를 구성하여 마산포교당 시절의 추억을 오래 기억하려 하고 있음은 얼마나 다행인지 모른다.

새천년 문학의 기대

새천년에 대한 기대와 전망은 인간들의 편리에 의해 아우성치는 호들갑에 불과하다. 왜냐하면 시대의 변화는 유연한 변화의 모색이지 급격한 변화는 혁명을 수반하는 정치적인 것일 뿐이다. 아무리 시대가 새롭다고 하더라도 문학의 본성은 변화하지 않는다는 말도 이에 해당한다.

본성은 변화를 하지 않는다고 하더라도 본질에 대한 도전은 긴 시간 동안 이어질 것이 명확하다. 문학의 본질은 인간 삶의 형태였고 인간을 바탕으로 하여왔다는 것은 오랜 관습의 하나였다. 기준의 잣대를 인간의 본질에 두었다는 것은 인간이 문명의 기본이었기 때문이다. 문화의 발달도 이에 근거하여 발전되었고 진보하여 왔다. 문화 예술의 핵심적인 근원도 이러한 본질에 근거한다는 것은 인간속성에 대한 강한 갈망에서 비롯되는 것이다.

인류문화의 발달은 인간 생존의 진화와 결부되고 있음도 이에 근거한다. 인류문화란 인간 삶의 기본 골격 위에서 만들어지고 파괴되고 있음은 인간의 필요 요건에 따라 생성되고 소멸되는 과정을 거치게 된다. 인간은 그 필요에 따라 문명을 창조해 내고 창조된 문명은 인간의 삶을 윤택하게 하여 줌으로 문명의 발전을 만들어내고 있다.

인류의 문명사는 오랜 역사가 거듭하는 동안 문명의 전성기를 누렸는가 하면 문명의 쇠퇴기를 맞이하여 찬란한 문명의 흔적을 상실하는 비운을 맞는 경우가 허다하였다. 문명은 그래서 역사의 수레바퀴 같아서 돌고 도는 반복의 역사인지 모른다.

문학의 본질성도 이와 다를 바가 없다. 역사는 천년기에서 이천년기로 접어들고 있다. 그렇다면 분명히 새로운 도전의 변화를 맞이할 것은 확연한 것이고 그 변화의 도전은 이미 예고하였고 우리의 주변에 맴돌고 있는 상황이다. 그러한 상황은 새로운 가치나 기존 질서의 도전으로 보고 사회 일각에서는 문제가 되고 논의가 되었다. 다만 그러한 것을 우리는 빨리 잊어버릴 뿐이다. 잊어버릴 뿐만 아니라 망각하고 또한 그 사실을 새로운 것으로 받아들이는데 인색하지 않는 관습의 전이가 빠른 속도로 오고 있다. 그러한 것은 하등의 이상할 것도 아니고 다만 새로운 상태로 존재할 뿐이다. 변화는 그래서 자연스러운 존재로 남는지도 모른다.

우리는 분명히 기존 질서의 도전에 직면해 있다. 사회 일각의 작은 질서에서 큰 질서에 이르기까지 많은 질서와 관습이 다른 형태의 도전을 받고 있다. 우리의 사회에서는 40여 년 전만 하여도 텔레비전의 보급으로 가정의 질서가 무너지기 시작하였고 가정의 관습이 도전 받기 시작하였다. 텔레비전의 화면은 어느 일정한 소수의 전유물로 제작된 것이 아니기에 우리의 유교적 관습의 가정에서는 여러 가지 도덕적 요소와 남녀와의 관계 정립은 물론 어른과 아이의 위계적 질서까지 혼란으로 몰아간 것은 사실이다. 이것은 엄청난 변화이면서도 그 변화를 어쩔 수 없는 단연한 문명적 요소로 받아들이는데 인색하지도 않았고 오히려 적극적이었다.

우리네 가정은 물론 사회적 변화의 급습인데도 그 급습에 당황하는 가정은 없었다. 문명을 받아들이는 고차적인 자세에 오히려 초연해 했다. 오히려 그러한 텔레비전의 보급은 우리 사회로 하여금 발전적이고 개방적이면서 유교적 인습의 탈에서 벗어나는 촉매적 역할을 담당하였는지 모른다. 60년대만 하여도 텔레비전의 화면에서 보여진 웃지 못 할 장면을 기억할 것이다. 남녀의 키스장면이 나오면 그 장면의 부분을 검은 화면으로 가려 주었던 그 시절을 말이다. 오늘날이야 일반화되어 버렸고 그것이 자연스러운 장면으로 보이는 것은 도덕적 인습으로 변하고 있는 것이다.

천년대 말에는 우리의 사회 구석구석에 서구적 사회 인습이 새로운 세대로 하여금 너무도 빠른 속도로 몰아오고 있다. 문화예술은 물론이고 사회적 기존의 윤리적 도덕적 관습의 변화도 일반화의 방향으로 바뀌고 있음을 볼 수 있다. 남녀 간의 애정 표현 문제만 하더라도 과거 텔레비전에서나 보이는 화면 덮기식의 행위가 오늘날에는 대학로나 전철, 벤치에서 자연스럽게 보여지는 것은 우리의 일반화되는 사회의 급속한 변화다. 물론 신세대에게는 그러한 행위가 부자연스러운 것으로 받아들이지도 않을 뿐 아니라 자연스러운 인간 대 인간의 발상으로 보는 본능적 요소로 받아들이고 있다. 그렇지 않게 보는 측은 아직 유교적 관습의 인식에 젖은 기존세대들이다. 그 기존세대들은 기존의 인습에서 보려는 관습이 존재하기 때문이다. 기존세대는 나의 존재가 남과의 고유의 인식에서 차별화의 문화에 젖어 있고 그것을 인간의 도덕적 규범으로 인식하는데서 비롯된다. 그러나 신세대는 나의 존재는 나의 존재일 뿐 남에게 직접 피해를 가하지 않는 행위는 문제를 벗어난다는 인식의 개인의식에서 비롯한다.

우리의 기존세대는 나의 존재보다 남에게의 인식을 의식하는 차원에서 체면이라는 문제에 더욱 몰두하였다. 대부분의 행위는 체면이 우선이었고 그 체면을 우선으로 하여 모든 일을 결정하였다. 그러나 신세대는 그러한 관습에서 벗어나고 있고 좀 너 자유스러워지려고 하고 있다. 보다 개방적인 도덕적 요인으로 자연스럽게 변화를 갈구하는 쪽으로 나가고 있다. 아직까지 어른들은 마음에 들지 않는 것이다. 세대 간의 갈등이다. 이것은 분명히 기존 도덕의 변화를 예고하고 있다.

숨김의 애정 행위가 공개의 애정행위로 바꾸는 것은 더욱 큰 변화의 양상으로 부채질한다. 성의 일반화의 양상이다. '성이란 숨기는 것이다'라는 우리 사회의 일반적 생각은 이제 도전에 직면했다. '성은 숨기는 것이 아니다'라는 일반적 명제로 나가고 있다. 이젠 '성은 알리고 공개하고 보이는 것이다'라는 사회적 인식으로 전환시키려는 일각의 도전이 심각하다. 인간이 지닌 최후의 보루인 성의 신비도 무너져 가고 있다. 지난해 자신의 성적 문제를 아주 상세하게 노골적으로 공개한 한 여인의 문제나 이천년 초두에 어느 텔레비전에서 보여준 인간 탄생의 모습을 다각도의 촬영으로 비교적 상세하게 보여준 충격적인 화면은 이젠 성은 신비의 대상이 아니라 일반적인 대상으로 전이되는구나 하는 우려마저 갖게 한다. 뿐만 아니라 이천년 서두에 공개된 성의 개방적인 영화의 상연은 이 이상 사회가 성의 문제에서 손을 들어 버린 속도감을 느낄 수 있다.

사실 우리의 사회적 적응도나 사회적인 인식의 제반 문제에 입각해볼 때 성의 문제는 이 이상 문을 닫고 있을 상황에서 벗어나고 있음을 감 잡을 수 있다. 그러나 그것이 사회 전체가 수용할 수 있는 인식도가 어느 정도인가 하는 전체적 인식을 비례하는 것이 사회적 책임이다. 사회는 그것을 염려하기 때문에 문제를 인식하는 것이 아니겠는가. 분명한 것은 이젠 사회가 성의 문제를 막을 힘을 잃고 있다는 것이고 이것을 받아들이는 방법의 모색이 필요한 때이다.

문학은 벌써 천년대 말에 이미 한계를 넘어 성의 문제는 자연스러운 표현의 하나로 자리 잡고 있다. 새천년대에는 그 표현의 적극성이 더욱 가속적으로 창작될 것은 문학의 표현의 성숙을 위하여 많은 검토가 필요할 것이다. 성은 인간의 가장 고귀한 생명적 유희로 남게 될 것이다.

우리의 사회는 양식이나 틀의 문화에서 벗어나기를 갈망하게 될 것이다. 특히 기존의 양식은 거부될 것이고 기존의 틀에서 벗어나기를 바랄 것이다. 개인의 표현과 개인의 창작적 욕구가 강하게 발동하여 기존 답습의 행위를 벗어나려는 문화 및 예술의 양식은 이미 천년의 말기에 많은 시도가 보여 왔다. 문학의 표현은 물론 미술이나 공연예술의 표현에 이르기까지 새로움의 시도는 시작되었다. 백남준의 비디오 아트는 대표적 예술의 양식의 변화가 아닌가. 최근에 문학의 표현 양식도 컴퓨터를 활용한 판타지 소설의 전달 방법과 기술방법 그리고 작품의 내용 전달 등 방법의 변화를 예고했다. 앞으로 디지털 매체를 통한 문학의 존재는 아무도 예측하기 어렵다.

문학은 과거와 같이 순수라는 의미는 감추어지고 대중이라는 방향으로 자리를 잡아가고 있다. 이미 이러한 양상은 천년대 말에 보여 온 사실이고 새천년대에는 보다 가속도로 그리고 성숙한 대중의 매체로 자리 잡을 것이다. 모든 예술행위와 문화는 물론 문학의 향유자의 자리가 대중이라는 종합매체로 회귀하고 있다. 모든 예술이 창작방법의 양식의 변화는 다각적인 모색이 이루어질 것이고 그 양식은 상식을 벗어나는 상황의 변화를 초래할는지도 모를 일이다.

이러한 창작과 전달 양식의 변화는 문화 예술이 지닌 기존의 본질을 외면하지는 않을 것이다. 문학예술은 궁극으로는 인간을 외면하는 행위가 될 수 없기 때문이다. 모든 예술은 인간과 함께 존재하고 인간을 상대하는 행위이기 때문에 최초의 본질에서 벗어날 수 없을 것이다. 그렇다면 근본적인 몇 가지 점은 또한 벗어날 수 없다는 것이다. 그것은 생명과 환경이다.

첫째 생명은 우주가 형성되면서 인간뿐만 아니라 모든 생존자에게 고귀하게 주어진 고귀한 존재방식의 절대적인 것이다. 그래서 생명은 하나일 뿐이지 두 가지가 될 수 없다. 지구상에 존재하는 모든 생명체는 각각 그것이 한 개체의 생명체이면서도 주변의 모든 다른 생명체와 공유의 생명이다. 우리의 지구상에는 생명체가 존재하지 않으면 죽음의 공간이 대신한다. 그것은 아무 쓸모없는 허무의 땅일 뿐이다. 허무의 땅은 존재의미도 없으면서 모든 것을 부정한다. 생명은 삶을 기름지고 값지게 한다는 사실은 생명 자체의 존엄성에서 이미 인식되고 있다. 그래서 모든 창조되는 것은 새로운 생명의 창조와 같다. 문학은 생명창조의 근원이고 그래서 문학의 영원성을 말하는 것이다.

우리의 많은 작품에서 숨 쉬고 활동하는 것은 새로운 생명의 창조다. 새로운 생명에 의해 인간은 창조의 기쁨에 젖게 된다. 만약에 인간이 이 우주에 존재하는 생명의 모든 것들을 사랑하고 아끼지 않는다면 인간은 그것으로 스스로 멸망하고 존재의 가치를 상실하게 된다. 인간의 생명뿐만 아니라 미물의 생명 하나에까지도 그 가치를 인식할 때 문학의 가치와 존재에 대하여 경건할 것이다.

다음으로 환경에 대한 문제다. 인간은 자신의 삶이라는 목표를 의식하면서 그 목표의 가장 중요한 환경에 관한 문제에 대하여 등한히 한다. 특히 자연환경이란 인간이 존재할 수 있는 근본이고 공존의 절대적 가치다. 그러나 인간은 삶이라는 단순목표를 위해 자연환경을 파괴한다. 자연이란 인간의 모태이다. 환경은 생태에 대한 가장 중요한 요소다. 문학이 자연환경과 생태주의에 대하여 관심의 대상으로 하는 것은 문학이 추구하는 인간존엄성에 대한 목표와 같기 때문이다. 생태는 인간의 존재와 맥을 같이 한다. 생태와 생명은 그 존재를 같이 한다. 자연환경은 그 존재를 더욱 인식시키고 그 가치를 극대화한다.

생태와 자연환경과 문학은 존재에 대한 의미는 물론 인간 회귀의 윤회성과 관련을 맺을 수 있다. 모든 생태계는 전이와 존재와 회귀와 생성과 멸종을 반복하는 생명체의 근원이다. 문학의 관심은 단순한 생명의 존재 자체보다 생명의 생성과 멸종, 그리고 그 자체가 발산하는 고귀한 사상과 언어의 창조를 지니도록 하여야 한다.

새천년의 문학의 화두는 이러한 자연환경의 문제와 생태주의에 의한 생명의 절대성이 문제의 핵심을 지니지 않으면 안 될 것이다. 새천년 문학의 마지막 화두는 인간성의 절대 회복이다.

이러한 명제는 어느 시대에나 존재하는 일이겠지만 인간의 가치를 인정하지 않고 인간성의 문제를 등한히 한다면 새로운 문제에 직면하게 될 것이다. 문학의 모든 궁극은 인간의 문제를 떠나서는 존재할 수 없기 때문이다.

숲의 메시지와 시심

최근 나는 자연이라는 공간이 있음을 사랑한다. 우주라는 거대한 틀 속에서 사람들은 여러 가지 상황 속에서 삶을 유지하고 있다. 그러나 인간이 생존하는 지구는 우주 가운데서도 생명체의 존재를 실감하는 단 하나의 공간이라고 한다. 그중에서 특히 숲이 차지하는 비중은 너무 크고 중요하다.

사람이란 현재라는 만족 속에서 다만 한치 앞을 바라보지 못하는 어리석음을 자초하면서 살아가고 있다. 삶이 중요하다고 말하면서 그 삶을 무너뜨리는 스스로의 행동에 둔감하기 짝이 없는 일들을 하고 있다.

그것은 자연을 훼손하는 일이다. 개인이 자연을 훼손하는 일은 못하게 하면서 어느 국가가 자연을 훼손하는 일은 조직적이고 체계적으로 추진한다. 산림을 훼손하고 바다를 막아 버려서 토지를 만드는 일은 많이 보아 왔고, 자랑스럽게 여긴다. 거대한 물막이 공사를 했노라고 당대의 가장 유능한 업적으로 소개하기도 한다.

그러나 그 결과는 어떠한가. 지난 한 해만 하더라도 우리나라 곳곳에서 물난리가 났고, 심지어는 바닷가 방파제에서 먼 바다를 관광하다가 갑자기 몰아온 이상 해류로 인해 사람들이 파도에 휩쓸려 죽음을 당했다.

나는 이러한 거대한 사건을 말하려는 것은 아니다. 다음의 시 작품을 말하려니까, 이러한 정도는 서술하는 것이 이해가 갈 것 같아서이다. 다음 시 작품은 숲과 산을 소재로 하여 쓴 작품 중의 한 편이다. 지난해 9월 『현대문학』지에 발표한 작품이다. 제목은 「숲과의 만남」으로 전문은 다음과 같다.

마음 아픈 사람들아,
떠돌지 말고 찾아가자 숲으로.

숲 속 긴 오솔길에는
다람쥐 넘나드는
울창한 나무들이 있고
하늘 덮은 큰 잎 사이로
햇빛 실오라기 치렁치렁 넘치는
따뜻한 손길이 멈추는 곳
그곳 숲으로 가자.

더러는 길섶에 움츠린
청개구리 눈 마주칠 때
부끄러워 외면하지 말고
마주 보며 웃어 주어라.

넝쿨 위 나뭇가지에 매달린
빨간 열매라도 보았다면
넉넉한 마음으로
입 맞추어 주어라.

굴참나무 밑에
자란 풀 섶 옆으로
산비둘기 구구구
먹이 쪼고 있으면
목례라도 해 주어라.

기름기 흐르는
긴 예복 입고 껑충 껑충
거니는 산까치를 만나면
추억 어린 친구 찾은 듯
손이라도 흔들어 주어라.

흐르는 물소리 들리면
열어 보아라 아픈 마음을.

녹아내리는 소리 들리리니
숲의 향기를 마시거라.

그러면 숲은 말하리라
떠돌지 말고 찾아오라
숲으로 오라고.

나는 사실 숲과 산을 사랑한다. 많은 사람들이 산을 오르다 보면 자연스레 숲을 만나게 되고 숲을 만나면 나무와 친근해진다. 숲도 숲 나름이지만 울창한 나무들이 가득 찬 숲 속을 거닐다 보면 마치 자기 스스로 숲을 지배하는 왕자라도 된 양 숲과 하나가 되어 버린다. 내가 숲인지 숲이 나인지 모르는 상태에서 황홀해진다.

나는 새벽이면 가볍게 살았던 인근의 산을 산책하는 것을 오랫동안 해왔다. 그 습관은 물론 건강을 위한 방법이기도 하지만 산이 포근하게 감싸 주는듯한 행복을 그곳에서 받아들이기 때문이다.

산을 산책하다 보면 자연의 섭리와 이법에 대하여 무한한 감동에 사로잡힐 때가 많다. 누구의 것일 수도 없는 대자연의 품속에 나무가 있고, 물이 있고, 돌이 있는 그 산은 때로는 삶의 숨소리와 움직임이 함께 존재하는 곳, 이곳이 산이며 그것을 이루는 숲의 형상이다.

그뿐인가. 그 속에 살아 움직이고 부동의 자세로 몇 억년을 자리한 바위와 돌과 그리고 나무와 산새와 짐승들의 숨 쉬는 모습은 한없는 낙원이다. 나는 그러한 모든 것을 사랑하고 좋아한다.

언제부터인가 산을 산책하다 만나게 되는 산까치, 다람쥐, 청개구리, 산비둘기들을 만나면 말 한마디씩 건네지 않으면 섭섭

해지는 까닭을 알게 되었다. 그들이 숲과 함께 나를 대하는 모습이 그들의 세계에 살아가는 친구와 같은 눈짓을 보여 줄 때 그것은 바로 나의 시심이 되는 것이다. 자연은 이렇게 생명의 힘을 준다. 그것은 흙이라는 생명체가 자리하기 때문이다. 흙은 자연이며 바로 사람의 삶의 자리이다.

나는 어느 글에서 흙에 대하여 "흙은 자연 우주 속에 머문 많은 요소 가운데 생명과 관계를 맺은 유일한 생명이다. 그래서 누구보다도 우리들 조상들은 그 생명의 진리 속에 머물게 되었나 보다. 물론 흙은 그뿐만 아니다. 우리가 일상적으로 알고 있는 상식은 많다. 흙은 사람과 살아있는 생명체는 물론 죽어 있는 미물까지도 그들 속에 머물게 한다. 그렇다면 흙이란 어느 곳에 머물고 언제까지나 우리들을 오라고 손짓하는 것일까. 사람들은 언제까지 흙의 품을 안고 살아 있고 싶어 할까. 그래서 사람들은 나이 들면 언젠가 '나는 흙으로 돌아가야 한다'라는 말을 할 때가 많다. 사람들은 그들 흙과 함께 있기를 소원한다. 그래서 요즘 사람들은 황토 흙을 찾아 온갖 모양으로 만들고 그리면서 그리고 빚으면서 살아가려는가 보다."라는 글을 쓴 적이 있다.

이러한 대자연의 섭리 속에서 나를 지탱하고 문학의 무한한 속살이 솟아나는지도 모른다. 나의 시 「숲과의 만남」은 바로 이러한 마음의 메시지가 된다.

파도의 공포

오사까의
나쯔야마 다께오씨
식민지 시대 그대 이름은
아픔이었다
해방 46년 후
나쯔야마 다께오씨는
그 이름을 찾기 위해
오사까의 시가지를 헤매 다니지만
그대 이름은 한 곳에도 없고
식민지를 벗어난 모습으로
오사까 역전에 서서
멀어져 가는 신간선 열차의
그림자만 보고 있다.
개찰구에 너절하게
걸려있는 그대의 모습
나쯔야마 다께오씨
그대는 이미 타인이었다.

－ 시 「타인 다께오씨」

어느 나라도 극도의 민족주의에 말려 버리면 공존의 의미를 잃게 된다. 나의 어린 시절의 기억 속에 있는 일본이라는 땅은 저주나 미움보다는 일종의 공포 같은 의식으로 가득 차 있다. 어린 그 시절에는 정치적 애국자나 우국적인 관념은 없었던 때였다.

시 「타인 다께오씨」는 80년대 중반쯤 일본에 행사 참석 차 가면서 꼭 가보고 싶은 곳이 내가 나서 자란 오사카의 어느 마을이었다. 그러나 일정 관계로 오사카 역에서 추억의 일말을 더듬을 수밖에 없어 신간선을 타고 이동하면서 쓴 작품이 이 작품이다. 구 오사카역 앞에 서서 옛 기억의 혼미함을 더듬어 보려고 했으나 워낙 오랜 세월이고 어린 때의 기억이라 한 토막도 찾을 수가 없었다. 분명히 이곳 오사카역은 내가 아버지를 따라 많이도 들고나고 한 곳이라 조금이라도 기억의 구석을 찾으려 했으나 흔적은 없었다.

일본에서 태어난 나의 이름은 나쯔야마 다께오라는 이름으로 불리어졌고, 그 이름은 일곱 해 정도까지 나를 지칭하는 이름이었다. 이웃의 일본 사람이나 조선 사람들은 나를 '다께오' '다께오상'이라고 불러줄 때는 나 역시 '하이'라는 발음으로 대답하는 일본 사람이었다. 조선말을 하지 못하는 그런 아이였다. 아침 창문 너머 좁은 샛길을 일본 남자가 소위 훈도시라는 앞가리개 정도만 걸치고 목욕탕으로 가는 것을 몇 번 목격하고 하도 꼴이 웃겨, 어느 날 창문 틈으로 '훈도시' 뭐라고 일본말로 큰소리를 치면서 놀림을 준 적이 있었다. 그 남자가 우리 집으로 와서 아이 교육 잘 시키라고 윽박지르고 가자 아버지로부터 크게 꾸중을 들은 기억이 새롭다.

어느 날 나의 맏형이 어린 동생인 나를 백화점 구경시켜 줄 양으로 오사카에서 가까운 나고야에 나를 데리고 갔다. 그때 나고야의 백화점은 거대한 마천루라고 후에 기억되는 것은 어린 시절의 망막이 작았던 탓일 게다. 그때 나의 형은 갖고 싶은 물건에 혼을 뺏긴 나를 골려주기 위해 구석 점포 뒤로 몸을 숨겨 버렸다. 물건 구경에서 정신을 차린 나의 앞에는 없어진 형에 대한 무서움과 공포는 순간 나의 온몸을 움츠러들게 만들었다. 백화점은 나라는 작은 체구를 삼켜버릴 듯이 사람으로 가득했고, 형은 보이지 않았다. 울먹이고 있는 내 앞에 형은 웃으며 나타났으나 나는 불안함을 떨쳐 버리지 못했다. 그날 하루 종일 형의 바지 옆 자락을 붙들고 다녔다니 공포는 절정이었나 보다.

조국 광복이 오기 몇 달 전에 아버지는 조국으로 가기 위해 짐을 챙겼고, 그 짐은 철도편으로 보내졌다. 그 후 히로시마에 원자폭탄이 떨어졌다. 일본의 항복을 어느 바닷가 토굴 속에서 가족과 함께 들으며 숨을 죽여야 했다. 조국으로 돌아가는 배편에는 많은 귀국 동포가 타고 떠났다. 대마도 인근에 와서 어느 날 새벽 문제가 발생했다. 바다에 설치해 놓았던 폭탄의 일부가 배의 밑바닥에 구멍을 내었던 것이다. 폭탄이 터지지 않은 것만도 다행이었다. 배 밑바닥으로 물이 심하게 차기 시작했다. 구조의 배는 보이지 않았다.

우리의 가족 일곱은 아버지의 명령에 의해 동그랗게 갑판 모퉁이에 모여 서로의 손을 잡으라는 것이다. 만약에 배가 파선하여 바다 속으로 침몰되면 잡은 손은 절대 놓지 말라는 지시를 들으며 통곡의 바다가 되어 갔다.

파도는 거세게 몰아닥치고 배 갑판에는 모든 사람들이 삼삼오오 모여 두려움에 떨고 다가오는 죽음을 눈앞에 그리고 있었다. 배 바닥에는 계속 물이 차오르고 남자어른들은 들통을 들고, 혹은 세숫대야를 들고 계속 물을 퍼내는 작업을 하고 있었다. 우리 형제들은 손을 잡은 채 모두들 울음과 공포의 긴 시간을 아비규환의 갑판 위에 놓여지고 있었다.

얼마 후 대마도의 경비정이 다가와서 흥정을 하려는 것이다. 배에 탄 사람이 조선인들로 가득 차 있음을 알고 그냥 돌아가려는 것을 배의 선장의 흥정과 아버지의 지갑이 운명을 바꾸어 주었다. 돌아가려는 경비정을 향해 아버지께서 일본서 가져가는 전 재산의 돈이 든 지갑을 통째로 경비정에 넘겼던 것이다. 배는 순소롭세 뭍에 닿을 수 있었고, 그들은 지갑의 돈의 일부를 빼고 돌려주었다고 했다. 이러한 공포는 나의 어린 시절의 두려움이었다.

나쯔야마 다께오씨는 그래서 이미 타인이었다. 이 작품을 쓸 무렵의 46년 세월은 그때의 다께오씨를 잔존한 기억도 없이 사라져 버렸다. 무엇이 나를 나쯔야마 다께오로 만들었는가. 그리고 그 다께오는 어디로 간 것일까. 이것은 아픔의 역사이며 이 아픔의 역사를 만든 자는 누구인가. 분명한 것은 어느 정치가도 아니고, 어느 특정인도 아니다. 그것은 모두가 살아온 역사 속의 우리들인 것이다. 그래서 '나쯔야마 다께오씨 그대는 이미 타인이었다'는 한마디의 쓰라림을 역사는 남겨 버렸다.

이 작품은 나의 실체의 이면에 엄연히 존재하는 아픔의 역사 구석에 자리한 또 하나의 나 자신의 침울한 자화상인지도 모른다. 숨기고 싶은 나의 한 토막을 오히려 자랑스럽게 펼쳐 보이는 것은 하나의 아이러니의 현상인지도 모른다. 누가 이 어린 때의 공포를 치유해 줄 것인가. 그러나 이미 그것은 타인으로 끝나 버렸다. 기분 좋게 말이다.

한국전쟁과 비무장지대

6월을 넘기면서 잊을 수 없는 상처는 많다. 특히 6·25한국전쟁의 한은 긴 세월이 흐른 지금까지 우리의 마음을 아프게 하고 있다. 우리 근대사에 남겨진 치욕적인 사건은 일제 식민지라는 고난과 동족이 총을 겨눈 6·25한국전쟁이라는 피눈물을 잊을 수 없다.

1950년 6월 25일 새벽 4시, 북한군의 남침으로 발생한 한국전쟁은 벌써 64년 전의 전쟁으로 역사는 기록되고 있다. 동족끼리 총을 겨누어야 하는 이 전쟁의 참혹상은 이루 말할 수 없는 치욕으로 남는다. 1953년 7월 27일 휴전이 되기까지 3년 1개월의 동족상잔으로 20만 명 이상의 전쟁미망인, 10만 명이 넘는 전쟁고아, 1천만 명 넘는 이산가족, 그뿐인가. 47만 4천여 명을 헤아리는 전사, 부상, 포로의 전쟁 후유증을 낳았고, 남북한을 초토화시켜 버린 비통한 역사의 기록을 읽을 수 있음은 우리 국토의 불행일까.

"아, 아, 잊으랴. 어찌 우리 이날을…." 슬픈 노래 속에서 전쟁의 실제를 경험한 세대는, 이젠 노령기에 접어들어 역사의 뒤안길로 묻혀가는 오늘이라는 시점에서 지금의 세대들이 지니는 역사관에 볼 때, 참담한 마음을 지울 수가 없다.

우리의 자손들에게 6·25의 교훈을 철저히 알려주어야 한다. 언제부터인가 초중고에서는 역사교육의 허실로 인해 반세기 전의 역사의 실상을 바르게 교육했느냐를 물어야 한다. 이 땅에는 휴전이라는 명분 속에서 아직 남북이 대치되고 있는 적과 동지의 지구상에 남은 유일한 불운의 국토요 나라다.

오늘날 젊은이들이 지니는 국가관과 지도급에 있는 몇몇 인사들의 국가관에 문제가 있음을 많은 언론 매체가 지적하고 있다. 우리나라가 세계 몇 위의 경제대국으로 성장한 것은 음으로 양으로 '우리도 한 번 잘 살아 보자'고 외치며 절약과 검소를 제일 덕목으로 살아왔던 지난 시대가 있었기 때문에 삶의 여유를 지니는 오늘이라는 시점에 와 있음을 알아야 한다. 과도기적인 양상에서 더러는 시행착오적인 사건도 많았음은 역사가 기록하고 있다.

분명한 것은 지금 현재도 휴전선을 경계로 하여 하나의 땅 위에서 젊은이들은 적으로 총을 겨누고 있음은 실제 상황이다. 그리고 남북은 그 이념적 사상이 다르다. 언제부터인가 좌 성향이라는 명분이 오히려 크게 함성을 질러도 저항 받지 않는 법질서를 무엇이라 해야 좋을까.

역사 속의 아픈 고통을 되풀이하지 말아야 하기 때문에 이 고통을 나라 사랑의 길로 되살려야 한다. 우리는 알고 있지 않은가. 1945년, 이 나라가 맞이하는 해방이라는 공간에서 벌어졌던 좌우익이 다툼을 겪는 사이에 한국전쟁이라는 피눈물을 흘려야 했던 그 시절을 기억해야 한다.

오늘의 시점에서 우리나라의 사정은 또 다시 되풀이되고 있는 것 같은 좌우 혹은 보수 진보라는 사상 아닌 사상적 대립의 양상을 보는 국민은 불안한 심정을 숨길 수 없다. 설상가상으로 국내 사정은 물론 국제 사정, 역시 불안한 양상이고, 북한의 동태는 더욱 미묘한 상황을 계속 드러내고 있다.

이러할 때 지혜로운 국민적 단합이 필요하다. 자파 이익만을 위하여 투쟁이라는 극한적 상황을 버리고 이 나라 이 땅위의 모든 국민이 단결하여 세계가 우러러 볼 수 있는 애국심으로 뭉쳐 평화통일을 이루어야 한다. 특히 청소년은 물론 중년층은 지난날 선배들이 겪었던 나라 사랑의 길을 찾아 앞서 나가는 지혜로움이 절실할 때가 바로 현재다.

또 한 가지 반세기를 넘기면서 고통으로 남겨진 비무장지대에 대한 관심이 높아지고 있다. 일부에서는 평화공원 조성이라는 테마를 흘리면서 새로운 시안을 발표하고 있다. 나는 평화통일 이후 비무장지대는 어떠한 일이 있어도 인간의 손이 닿아 개발이나 개척을 해서는 안 된다고 본다. 그래서 나는 어느 세미나에서 다음과 같이 주장한 바 있다.

"DMZ, 비무장지대라는 전쟁의 상처가 남겨진 나라, DMZ로 인해 국민이 오랜 세계사의 흐름 속에서 겪어온 비극의 역사를 견뎌온 대한민국입니다. 불행을 견뎌내고 있는 시점에서 우리경제 규모가 세계 12위가 된 국가가 또 다른 차원으로 무한한 복락을 누릴 수 있는 계기를 가진 나라가 될 수 있다는 희망적인 메시지를 말씀드리고자 합니다. 오늘날 세계 환경논자들의 지적은 오히려 DMZ라는 운명을 잘 운영한다면 지구의 환경생태 문제를 완화하여 세계적으로 지구온난화로 인한 공포를 이겨낼 수 있는 곳이 DMZ라는 사실을 지적하고 있습니다. 뿐만 아니라 문학작품 속에 나타난 다양한 상상과 감성이 어느 나라도 겪어보지 못한 '비극적인 현상을 복락으로 전환'시킬 수 있다는 DMZ에 대한 작가들의 관심과 작품은 많이 남겨져 있습니다.

동서 길이 248㎞, 면적 297,200만평이며, 군사분계선을 중심으로 남쪽 2㎞지점을 남방한계선, 북쪽 2㎞지점을 북방한계선으로 1953년 7월 27일 휴전협정 전문 제1조에 의거 설치된 비극의 땅, 이 한 맺힌 땅은 인간은 소외되고 희귀 동식물들만의 서식지가 되었으며, 자생적인 생태 보전과 원시적인 환경으로 변한 긴 침묵과 함께 사람의 발자국은 지워지고 사라진 땅으로 남아있습니다. 남북은 총을 겨누며 적대적 관계로 있으며, 각 한계선 안에는 남쪽에서는 대성동 자유의 마을, 북쪽에서는 평화촌 민간인 거주 지역으로 형성된 형언하기 어려운 평화가 깃든 곳으로 운영되고 있습니다."

이러한 고통 속 역사의 흔적이 평화통일 이후 우리 대한민국을 세계가 바라보는 자연생태의 환경을 지닌 국가로 인정될 때, 오늘날 기후 변화로 자연 생태계가 멸종되어 가는 지구의 변화 속에서도 반세기 이상 인간의 발길이 닿지 않은 고통의 땅이 후손에게 물려줄 자연 그대로 복락의 땅임을 외칠 수 있으리라고 본다.

기억이 나지 않는 멍청이

사람이 살아온 일상을 기억하기란 쉬운 일이 아니다. 특히 지나온 일들을 기억하며 자서전을 집필하고 문학인들과 교우하며 살아온 일들을 책으로 발간하는 걸 읽으면 사람의 기억은 무서우리만치 진화와 진화를 거듭하고 있음에 놀란다.

자신이 살아온 기나긴 일생을 구석구석 기억하며 그때그때 생각하고 느꼈던 감회를 곁들여 생각해 내기란 쉬운 일이 아니다. 사람의 뇌의 기능은 규모보다 수천 배의 삶의 일상을 보존하는 큰 창고로써의 기능을 가졌다는 것은 행운이다.

어디 그러한 기능이 사람에게만 있으랴. 먼 지난날 단독주택에서 살 때의 한 토막 이야기-. 우리 집 뜰에 강아지 두 마리를 기르고 있었다. 아이들이 워낙 좋아해서 그 친교는 사람과의 사귐 이상으로 친근함을 보이면서 사랑을 나눈다. 가족들이 외출에서 돌아오면 마당에서 꼬리를 치며 낑낑거리는 소리와 함께 바짓가랑이를 앞발로 치켜세워 끌어안고 앞으로 뒤로 왔다 갔다 한다.

그런데 어느 날, 한 마리의 강아지가 가출을 했는지 집에 돌아오지 않았다. 작은아이는 매일이다시피 문 앞에 앉아 돌아오기를 기다렸으나 나타나지 않는다. 한두 달이 지났을 무렵 저녁 때 대문 앞에서 무언가 낑낑거리며 대문을 발톱으로 치고 있는 소리를 듣고 나가 보니 그 강아지였다. 목에는 목줄이 걸려있고 누군가 묶어둔 모양인데 이를 끊고 찾아왔다. 우리 식구들은 물론 큰아이, 작은아이들을 보고 마당을 빙글빙글 돌아가며 꼬리를 흔들고 뛰고 야단법석이다. 그 긴 기간 동안 다른 집에 끌려가 묶여 살면서 자신이 살았던 집으로 돌아갈 것을 소망하며 얼마나 요동쳤기에 줄을 질질 끌고 집으로 왔다. 한 마리의 강아지가 자기 집이 어디란 것을 기억하고 찾아왔다는 것은 놀라울 일이 아닐 수 없었다. 무서운 기억의 한 토막이 아닌가.

요즘 사람들은 자신의 기억을 기계라는 함정 속에 빼앗기고 있음을 자각하지 못한다. 지난날에는 모임에서 노래라도 한 곡 불러야 될 때 서슴없이 목청을 다듬어 몇 곡쯤이야 멋지게 불렀다. 그런데 어떤가. 이젠 노래방이라는 공간을 찾아야 제대로 한 곡 뽑을 수 있는 기억의 멍청이가 되고 있다. 자신의 노래 가사의 기억을 노래방이라는 기계 속에 보관해 두었다는 사실과 기계에 의존해야 하는 어처구니없는 처지에 허허 웃는다.

그뿐 아니다. 어느 날 아내의 친구가 집으로 전화를 했다. 부재중이라 했더니 핸드폰 번호를 알려 달란다. 아차, 어쩐담. 식구들의 번호는 원터치로 핸드폰에 입력되어 있기 때문에 번호

자체를 쳐본 적이 별로 없기에 숫자가 어림해진다. 핸드폰이 생활에서 일상의 필요조건이 된 오늘날 그 속에 기록함으로써 찾으면 된다는 인식으로 인해 기억은 멀리 달아나고 있었다.

과거 우리의 생활은 모든 것을 사람의 기억이라는 저장고에 저장하는 생활 속에서 살아왔다. 기록이라는 도구의 사용도 별로 없던 시대였다. 가정의 모든 일들을 가족들의 기억에 의존하여 생활해 왔다.

기계문명의 발달은 인간의 생활의 편의와 단순함을 가져다주어 모든 조건이 기계화되고 있다. 생활뿐만 아니라 표정이나 동작이나 언어의 변질도 성큼성큼 다가서고 있다. 요즘 사람들의 표정에서 다양한 인상과 동작을 느낄 수 있고, 언어생활에서 말의 속도를 들어 보라. 얼마나 빠르게 진행되고 있는가를 느낄 수 있다. 표정과 속도는 물론 과잉 동작으로 손짓 발짓은 빠른 기계음을 찾아 인간은 차츰 노예가 되고 있음을 알 것이다.

그래서 언젠가는 기계에 의한 로봇에 지배되는 시대가 오지 않을까. 인간의 지혜에 의해 제작된 로봇이 인간의 기억을 망가뜨려 허허 웃음 웃는 멍청이 모습, 망상일까.

마음이라는 관점

'시는 마음의 그림이며, 생각의 표현이다'라는 말을 가끔 느낄 때가 많습니다. 누구의 시작품에 대한 평론이나 감상을 할 때도 같은 느낌입니다. 숨겨진 알맹이가 결국은 시인의 마음속에 나타나는 것을 붙들어 매어 표현의 과정을 거쳐내는 행위가 아닐까 합니다.

나는 첫 시집 『꿈. 사설(1978)』, 그리고 두 번 째 시집 『떠나가는 시간(1993)』, 세 번째 시집 『머문 자리 그대로(1997)』을 발간하면서 그 후기나 서문을 적고 있습니다. 그런데 그 내용에서 한결같이 마음이라는 문제에 깊이 몰두해 있다는 것입니다. 15년과 5년이라는 시집과 시집 사이의 간격이 있음에도 그러하다는 것을 보면 마음에 대한 집착이 깊었음을 알 수 있습니다. 다음과 같은 당시의 기록을 보면 알 수 있습니다.

> 어떤 무념(無念)의 상태를 뚫어 가다가 그것이 새로운 영감으로 둔갑할 때가 있다.
>
> 무념이란 무아(無我)의 경지를 합할 수 있는 선(禪)이 되어야겠

으나 그렇지 못함은 하나씩 나타나는 영감 때문일까.

어찌하였던 그것이 영감으로 비축될 때 나의 의식의 세계는 이상한 방향으로 비상의 날개를 펄럭이게 된다.

나는 한 동안 분명히 인간의 정신적 육체적 상황에 무한히 내재해 있을 신비스러운 세계를 형체로 찾으려 노력했다. 그 작업은 지금도 계속되고 있다.

사람의 의식이이란 정신과 감성과 육신이 결합된 상태에서 신비스럽게 나타난다. 그러나 그것을 어떻게 형상화시킬 수 있으랴.

내가 쓴 일련의 시는 이러한 내용을 문제 삼았고, 앞으로도 그럴 것이다.

꿈의 신비성을 찾는 문제 역시, 그 꿈의 신비성을 형상화하는 문제만이 아니라 꿈이 현실화되었을 때, 그 두 가지 사이에 스파크 현상으로 비치는 그것이 무엇인가. 나는 그러한 것을 찾으려는 것이다.

물론 그 위에 또 다시 복합되는 것은 사상성의 절충을 부인할 수 없다.

- 첫 시집의 「후기」에서

나의 시적 요인은 내면적 의식의 요소에 천착되어져 왔고 그것이 마음의 일치점과 함께 찾고 싶어졌다. 그래서 모든 사물에 인간적 마음의 정밀하고 깊은 속까지 파고 들어가 그것을 형상적 이미지의 형식을 찾고자 노력하였다.

나는 나의 인생의 삶을 '마음(心)'에 두고 그 마음의 내면을 따져 보려 힘을 다하고 있다. 그러나 그 마음이 어디에 있을까? 보조국사의 『수심결』을 읽어도 아직 깨우치지 못하니 아쉬움이 더욱 간절해진다. 마음이여, 그것이 어디에 존재하는고, 다시 마음으로 돌아가 따져 볼 일이다. 그것이 어디에 어느 곳에 있든 나에게는 미지의 즐거움이니까.

그러나 내가 오늘까지 지탱해 온 것은 모두가 나의 일관된 '마음'의 통솔자에게서 이루어졌다고 볼 때 고맙게도 지금까지 조용히 현실에 적응케 한 마음의 행복을 또 다시 보게 된다.

- 두 번째 시집의 「자서」에서

사람은 살아가면서 수만 번 마음의 갈등과 변화의 속성에서 고뇌를 한다. 그것은 사실 육신은 그대로인데 마음이 갈등과 변화에 휩싸이기 때문인지 모른다. 마음을 붙들어 매야 한다고 생각하면서도 그 마음은 기회가 닿으면 제 멋대로 어디론가 나가려 한다.

그러나 그 마음의 변화와 갈등이 사실은 움직이고 성장한다는 기본 원리를 아는데 오랜 세월이 필요했다. 그러나 어쩌면 그것 또한 사치스러운 변명에 몰두하는 또 다른 마음에 집착되어 있음을 알았을 때 마음의 본질은 어디에도 없음을 알고 다시 한번 당황하게 된다. 아직도 마음이 어디에 있는지를 모르고 그것을 잡으려 이 세상을 한없이 헤매고 다녀야 할지 모르겠다.

사람은 이 세상에 살면서 무엇인가 이루어 내려는데 열정을 쏟으며 살아가고 있다. 그러나 이룬다는 그것은 과연 어느 한계점일까. 그것은 바로 마음이 머문 그 지점이라는 점의 상징이 열정의 대가로 본다면 요즈음 세상으로 볼 때 무능의 표현일까.

마음이 머문 그 자리는 누가 정했을까. 그러나 얼마 지나지 않아 그 점 역시 마음이 머물 수 있는 극점이 아니란 사실에 서 있는 자신을 발견하게 됨을 알게 된다. 사람은 일생을 축망의 성취욕에서 살면서도 그것이 결국 축망 자체가 아니라는 스스로의 속임수 속에서 살아간다. 이것이 세상과 마음의 갈등이며 번뇌의 고역이다.

사람은 결국 본래의 모습 그 자체로 돌아간다는 것이 진리라는 사실에 접했을 때 놀라움을 금치 못한다. 인생의 절반은 실패라고 한다. 패배주의자가 아니라도 실패라는 공포가 온다는 것은 두려운 것이다.

일생의 꿈이 허망으로 닥친다는 것은 공포다. 이 공포를 틀어내기 위해 쓴웃음을 얼굴에 담아야 하는 것도 고통과 허망이다. 사람은 이러한 미련을 버리면서 마음을 달래야 한다. 아마 인생은 실패의 연속 속에서 이루어지는 것인지 모른다. 그런데 이것도 모순이다.

허무의 인식은 도대체 누가 하는 것이냐. 허무는 죽음으로 비유된다면 그 비유나 인식은 누구의 행위인가. 어리석게도 그것은 나의 마음속에 깊은 구렁을 파고 안주한 미물적인 마음이었다는 것을 알고 이에서 벗어나려는 몸부림을 치게 된다. 두려운 일이다. 무서운 일이다. 그리고 또 다시 향하는 한없는 마음의 질서를 알게 된다.

- 세 번째 시집의 「시집을 내며」에서

이러한 글들은 바로 나의 시의 진솔한 면인지도 모릅니다. 아마 이것은 나의 오랜 동안의 불교적인 사고가 굳어 있었기 때문이기도 합니다.

사실 나는 처음 불교 강론이나 불교에 관한 책을 접했을 때 다른 어떠한 어려운 이야기보다 마음, 즉 '心'이라는 화두에 깊게 몰두하지 않았나 봅니다. 그것도 불교의 초보적인 말씀에 '색즉시공 공즉시색(色卽是空 空卽是色)'이라는 말씀과 '무즉유 유즉무(無卽有 有卽無)'라는 말씀에 나의 정신이 몽롱해지지 않았는지 모릅니다.

그리고 '무념(無念)'이라는 말과 '무상(無常)'이라는 말에서 심리학과 정신분석학의 프로이드와 융에 심취해 있었던 한때의 시절, 또한 '무의식(無意識)' '잠재의식(潛在意識)'에 매료되어 있었던 그러한 상황이 나에게 시의 정신적 모체가 일괄하여 '마음'이라는 하나의 해답을 구했다고 봅니다. 오래전에 김동리 선생님에게 나의 좌우명을 써 달라고 했더니 '심외무법(心外無法)'이라고 붓글씨를 써 주셨습니다. 마음에 표적을 두었다는 것입니다.

나의 지금까지의 작품들은 이러한 기점을 바탕으로 꿈에 대한 이미지의 문제를 23편을 발표했고, 사랑이라는 문제에 대하여 1993년에 22편을 연작으로 발표하였습니다. 그리고 바다의 이미지를 6편, 사찰에 얽힌 무한한 법문과 고승들의 내면을 살펴보는 작품 27편을 연작으로 보였습니다.

최근 나는 새로운 모색에 탐닉해 있습니다. 시로 표현하는 무한의 세계에 대한 도전입니다. 그것은 변화라는 관념의 탈출입니다. 하나의 관념에 몰두하는 인간의 속성을 파괴하고 큰 미지로의 순항을 계속해야 하겠다는 일종의 포부입니다.

오늘의 사회적 구조와 모든 매체의 구조는 인간을 그대로 버려두지 않고 있습니다. 우선 사고의 터널이 너무나 깊어지고 다양해지고 황당해지고 있습니다. 문학의 문제도 이러한 터널 앞에서 방향을 잡지 않을 수 없는 고뇌에 빠져들고 있습니다.

말하자면 전달이라는 매체는 몇 가지의 방법에서 수천 가지의 방법으로 나누어지고 달라지고 있다는 말입니다. 미술이나 음악, 그리고 영상 매체는 달라지고 있습니다. 문학은 사고의 폭은 변화를 가져 왔으나 그대로입니다.

앞으로 나의 시적 관심은 이러한 곳에서부터 가지려고 합니다.

희망으로 다가온 백목련

목련꽃, 오랜 시간의 흐름에 따라 첫 봄에 피는 꽃, 나는 그 목련을 사랑한다.

나의 아파트 4층 서재의 창밖으로 삐죽하게 보이는 목련나무는 나의 친구이자 첫 봄의 연인이기도 하다. 추운 한겨울 내내 멋진 오동통한 꽃망울은 눈바람 맞으면서 버티어 살아남은 생명의 보고이기도 하다.

아침에 눈 뜨면 제일 먼저 창밖을 내다보는 습성이 있어 첫 인사를 목련과 나눈다. 꽃망울은 마치 눈동자를 똘망똘망 굴리면서 나와 눈웃음을 나누려 쳐다보는 듯 환각 속으로 빠져드는 망각의 세계로 드나든다.

이른 봄이 오면 모든 생명체의 나무들이 잠자고 있는 틈을 노린 듯 잎이 돋아나기 전에 하얀 꽃이 웃음을 웃고 있다. 마치 목련의 꽃말이 암시하듯 고귀함, 자연애, 은혜, 숭고 등 온 세상을 향해 활짝 핀 웃음을 웃으며 많은 사람들의 사랑을 담뿍 받으며 살아간다.

꽃의 생명력은 긴 시간을 아끼려는 듯 하나씩 둘씩 떨어져 내린다. 그러한 상황을 보는 나의 마음은 안타깝지만 자연의 섭리를 막을 수가 없다. 긴 겨울 동안 눈바람을 친구하며, 차가운 바람을 맞으며, 살아온 끈질긴 생명력과 삶의 의욕을 한 송이 한 송이씩 백목련이라는 이름을 지니며 세상에 얼굴을 내밀어 자연의 새로운 면모를 일신하더니 이젠 또 다시 새로운 기약을 하면서 가야 하는가 보다.

어쩌면 백목련의 삶이 나에게 또 다른 의욕을 갖게 한다. 몇 년간 병고에서 헤어나지 못한 나에게 백목련이 주는 생명의 고귀함이 무엇인가 하는 자문을 스스로 느끼게 해준다. 나는 「백목련이 오는 소리(2000년)」와 「목련의 환희(2008년)」라는 제목의 수필을 발표한 적이 있다.

> 그들은 사람들의 호들갑에 시기라도 하는 듯 시간의 기다림도 없이 잎은 떨어지고, 떨어진 자리엔 조급한 듯 다시 초록의 큰 잎들을 새로운 자리에 앉혀 놓는다. 꽃이 있었던 자리를 차지하고 숨기려는 듯 목련 나무 잎들은 무성하게 큰 힘을 하늘로 솟구친다.
>
> -「백목련이 오는 소리」에서

> 차갑고 싸늘한 겨울의 바람을 맞아 한동안 지나온 이야기를 나누어야 하고, 꽃이 화사하고 화려하게 얼굴 내밀 때의 그 장엄한 순간을 마련하기 위한 여백을 만들어 가는 시간을 벌고 있는지 모른다. -「목련의 환희」

어쩌면 나의 생명력은 백목련이 암시하는 삶의 의욕이 되살아나는지 모른다. 백목련이여, 나에게 희망과 힘을 주소서. 널따란 백목련의 잎이 하나의 생명의 원천으로 나에게 다가와 주소서.

(2017년 자연사랑 문집 문학의 집 · 서울)

진화하는 핸드폰이여

요즘 나는 전달의 매체에 대하여 놀랄 때가 많다.

사람간의 의사소통이나 뜻의 전달을 위하여 입으로 소리 내어 전할 때가 있는가 하면, 손을 움직여 동작을 하거나 글씨를 그려 보임으로 마음의 뜻을 전할 때가 있다. 이러한 두 가지 방법은 서로간의 간격이 마주보고 있을 때 가능한 것이지 거리를 두었을 때는 어렵다.

문명은 이것을 찾아 더 편하고, 더 간편하다고 생각되는 전화라는 기계와 편지라는 소통의 방법을 만들어 내었다.

사람은 태어날 때부터 소리에 의한 말이라는 매체를 통하여 서로의 감정을 표현하고 나타내기도 하면서 밀접하고 간절한 소통을 해왔다. 말은 소리의 높낮이에 의해 상대에게 뜻을 전하고 때로는 표정이라는 묘한 움직임에 따라 말의 의미를 보충하기도 한다. 참, 미묘한 관계의 설정이다.

그런데 그것도 부족하여 또 하나의 문명의 가르침을 활용한다. 문자다. 글이라는 상형의 문자를 통하여 적극적이면서 시간과 거리에 관계없이 전달할 수 있다. 소리는 직접적인 소통의 형식이나 글은 어쩌면 간접적인 소통의 방법이 될 수도 있다. 말은 가깝게 있으면 얼굴을 맞대고 표정을 보면서 상대를 대할 수 있다. 그러나 기계라는 문명에 의존하여 말을 전달하려면 소리에 의한 뜻은 들을 수 있으나 표정까지는 볼 수가 없다.

편지 역시 자신이 직접 쓴 글씨를 보내는 친근감에서 타자기나 컴퓨터가 나오면서 기계라는 과정을 통하여 어쩌면 글쓴이의 정감이 사라진 무딘 감각의 소통을 위한 소통으로 접하게 된다. 이 얼마나 맛이 사라진 문명인가. 요즘 우리는 또 다른 전달매체 때문에 더러는 즐거우면서 더러는 괴로움에 처할 때가 많아졌다.

핸드폰은 오늘이라는 현대적인 문명의 절박한 상황에서 생활의 일상을 단축시키기도 하고, 절묘한 소통의 윤활유가 되어 준다. 핸드폰을 두고 외출 하였을 때의 불안감이나 허전함은 모두 경험하였을 것이다. 소통의 매체가 없어졌다는 감정적 불안정이 자신을 억누르게 된다. 소통의 전담을 온통 독차지하는 핸드폰의 마술은 이젠 마술이기 전에 몸체의 한 부분으로 밀착되어 있다.

이 핸드폰이 소리의 전달이라는 청각적인 매체에서 글씨를 그려 보여주는 시각적인 매체를 동반함으로 인간이 최초에 받아들였던 그대로의 소통기능을 완벽하게 변신시켜주고 있다는 것은 어떻게 표현할까. 그뿐인가, 핸드폰은 진화를 거듭함으로 인간의 새로운 두뇌영역을 잠식하지 않을까 두려워진다.

옛날 전화 한 통화하려면 전화국에 가야만 되는 시대, 편지 한 통 보내려면 힘들었던 시대는 가고 나라는 몸체에 들러붙은 핸드폰으로 소리를 보내고 들을 수 있고, 글자나 그림을 그려 뜻을 전달할 수 있는 소통의 문명은 화려한 문명을 즐거워하면서 무언가 나를 사로잡아 가고 있는 보이지 않는 끈을 놓칠 수가 없다.

문명은 편리하고 아름답고 즐거움을 수면서도 그에 따르는 또 하나의 짐 덩어리를 걸머지는 고뇌와 두려움의 연속에 얽혀드는 것이 인생이 아닐까.

(한국수필)

숲 체험의 산실

자연의 품안에서

자연(自然)은 자연 그대로 있을 뿐이다. 그래서 자연은 거짓말을 하지 않는다. 자연은 남을 속이려 하지 않는다. 자연은 자신의 존재를 있는 그대로 보여준다. 자연이란 사람과 가장 가까우면서 가장 멀리 있는 자연 그 자체의 현상이다.

이러한 자연 속에는 숲이 있고, 산이 있으며, 나무와 꽃들이 함께 한다. 그뿐인가, 물과 바람과 빛이 사시사철 자연의 위용을 보여주며, 때로는 자연 그대로의 소리를 들려주기도 한다. 그러한 자연과 함께 많은 생명이 동고동락하는 삶의 품안이 자연이기도 하다.

자연 속에서 가장 높은 지능을 소유한 사람은 자연과 더불어 삶을 유지하면서 자연과 하나 되기를 소망한다. 자연과 더불어 생명의 한줄기를 찾아 나서기도 하고, 자연의 텃밭에 인간 생명의 줄기를 가꾸어 오랜 삶의 보금자리를 마련하려 한다.

삶에 지친 사람은 자연의 품안을 찾는다. 가장 가까운 숲의 가슴 깊숙이 찾아 든다. 그 숲에는 나무가 있고, 꽃이 있고, 물과 바람과 빛이 있는 곳, 때로는 소리가 마음을 적셔주는 곳, 삶의 또 다른 눈을 뜨게 하고, 삶의 의욕을 넘쳐나게 하는 맑은 공기가 우주에서 하강하는 곳, 자연의 한 모서리 숲을 안으려 한다.

가장 강인하면서 가장 연약한 사람, 자신을 스스로 다스리지 못하는 사람, 타의라는 뜻에 민감한 사람, 그러면서 자연의 품 안으로 결국은 사라져야 하는 사람들은 그러한 자연의 섭리를 거역하다가 결국 스스로의 고통으로 몰려드는 경우가 허다하다.

그래서 김춘수 시인은 '내가 그의 이름을 불러 주기 전에는/ 그는 다만/ 하나의 몸짓에 지나지 않았다// 내가 그의 이름을 불러 주었을 때/ 그는 나에게로 와서/ 꽃이 되었다.(「꽃」 1, 2연)' 사람과 자연 속의 꽃, 나와 꽃의 동일성을 보여줌으로 공존의 법칙에 따라 사람과 자연은 하나이기를 기원하는 것이다.

자연은 자연 그대로 두어야 한다. 사람들은 자연을 사람들의 필요에 따라 새로운 모습으로 바꾸지 말아야 한다. 노한 자연이 인간을 자연의 일원에서 사라지게 할지 모른다.

숲을 잉태하는 모성

천리포수목원에 들어서자 무슨 소리가 들리기에 귀를 기울여 보니 수생식물원의 한 귀퉁이에서 들리는 개구리 소리가 무슨 말을 하는 것 같았다. 민병갈님이 세상을 떠나면서 "나 죽어도 개구리가 되어 이곳에 살리라."라는 말이 귀에 생생해서일까. 이곳 수목원에 발을 들여 놓는 순간 무언가 귀를 흔들어 놓는 것을 참아야 했다.

'자연'이라는 어원에는 그 자체가 하나의 생동감이며 생명력을 지니는 말이 된다. '自然'의 어원은 그리스어로 'physisifh(나옴, 만들어 짐)', 라틴어로 'nàtora(낳음, 생김)'이라는 뜻으로 '모든 사물이 저절로 그렇게 되어 있는 모양' 혹은 '사람의 힘을 보태지 않은 우주에 있는 천연 그대로의 모든 존재'라는 뜻임을 우리에게 전해준다.

그 자연 가운데 숲은 피톤치드(phytoncide)를 뿜어내고 있는 거대한 자연의 가족이다. 자연 현상 그대로의 숲이 있는가 하면 사람의 힘을 보태어 만든 숲의 우아함은 우리로 하여금 황홀의 비경으로 끌어 들이는 신비함이 더한다.

우리나라 자연적 환경의 절대적 가치를 지니는 충남 태안반도의 구조적인 조건은 어디 비할 바 없는 천연의 모습이며, 아름다움의 절경이라 하여도 손색이 없는 곳이다. 만리포, 천리포라는 환상적인 바다와 모래와 숲과 하늘 그리고 섬을 맑게 포옹하고 있는 곳이다. 그뿐인가. 또 하나의 신선이 만들어낸 천리포 수목원이라는 나무들의 가족이 옹기종기 모여 밤낮없이 담소를 나누고 있는 세상, 어디 또 있으랴.

낭새섬이 보이고 초가집이 살아있는 절정의 자연은 이젠 수만종의 식물들이 모여 더러는 숲을 만들어 하늘을 가려주고 또 다른 품종을 만들어 내는 잉태의 모성 속에서 사람들을 맞아 주구나. 아름다워라. 누가 숲의 왕자와 공주의 품안으로 가기를 두려워하느냐. 와락 달려가 안기어 보거라. 너의 숨소리가 더욱 살아서 움직일 것이니.

산골짝 개울물 소리

숲이 울창한 산골짝 개울물 소리는 마음의 안식처이며 생명의 소리다. 감미롭게 소리의 여운을 소절하는 듯 마음의 움직임도 예사롭지 않다. 때로는 깊은 명상에 잠겨 옛길 따라 거니는 황홀에 젖어 들기도 하고, 멍 하니 바라봄의 대상도 없이 멍청히 소리의 음향에 취한 채 생각에 잠겨 들기도 한다.

흐르는 물소리 따라 물이 흐르는 주변의 풍광을 알 수 있다. 돌난간을 몇 겹 뛰어 넘어 부딪치며 구르는 소리는 굴곡이 심하여 더욱 마음의 요동이 심해진다. 아무런 난간 없이 흐르는 물소리는 밋밋하여 단조로우면서 감미로운 향기에 젖어 든다.

어둠이 깊어가는 숲 속의 밤, 산림욕장 흐르는 물소리 들으며 몇 사람과 벗하며 마시는 한 잔의 곡주에 맞추듯 물 흐름 소리는 그 율동이 약해졌다 강해졌다 춤을 추는 듯 스치며 나의 눈앞에 먼 날의 환상이 펼쳐진다.

나 어릴 때 외할머니를 찾아 험한 시골길 걷다가 얕은 산길 걷다가를 반복하며 너무 먼 길을 엄마 따라간 적이 있다. 당시엔 차편이 없던 시절이라 걷는 것이 일상이었다. 가다가 산골짝 개울가에 앉아 싸온 쑥버무리를 펼쳐 나누어 먹으며 들었던 소리, 산골짝 개울물 흐르는 소리였다. 위쪽의 큰 바윗돌 틈을 비집고 솟구치며 흐르는 물소리는 고함소리 같기도 하고 때로는 소곤거리는 소리 같기도 했다. 그때 엄마는 나에게 "너 지금 뭘 생각하는지 안다."라고 하며 나를 바라본다. "뭘 생각해요?" "너 저 소리에 취해 있지?" 아, 엄마는 어쩌면 내 마음을 알까? 아마 물소리에 취해 내가 순간 깜박 졸았던가 보다. 힘든 산행 길에서 굴곡이 심한 물 흐름 소리에 나의 마음은 취해 깜박했던 모양이다.

언제부턴가, 나의 작은 서재에는 긴긴 세월 동안 개울물 흐르는 소리를 들을 수 있다. 가끔 긴 시간 글 쓸 때나 휴식을 취할 때는 녹음한 물소리 테이프를 듣는 즐거움은 마음의 고향을 찾아가는 나의 안식처이며 새로운 생명력이 용솟음치는 활력이 되고 있다.

(문학의 집 · 서울)

끈기와 열정과 집념의 선생님

- 시인 심산 문덕수 선생님께

심산(心山) 선생님,

자주 찾아뵙지 못해 송구스럽습니다.

얼마 전 시문학사에 갔을 때, 선생님께서 항상 건강하게 집필하시는 모습을 또 대하면서 오랜 날 지나가 버린 고교 시절 기억이 머리를 스칩니다. 1954년, 휴전으로 전쟁이 종식된 다음해 저는 마산상업고등학교에 입학한 요즘 말로 새내기였습니다. 본 교사는 육군병원으로 징발 되고 황량한 논밭 속에 임시로 만들어진 판자촌 교실, 판자를 붙여 만든 임시 교실이었습니다. 중학생 때 이미 판사 교실에서 공부하였기 때문에 별 다른 생각 없이 익숙하게 생활할 수 있었습니다.

그 해였던가? 어느 여름날 너무 덥고 무더워 교실 뒤쪽 판자를 몇 장 뜯어서 바람을 통하게 한 죄로 뒤쪽에 앉았던 친구들과 제가 교무실로 불려가서 손을 들고 벌을 서고 있는 모양을 선생님께서 들어오시다 보시고는 "허허, 네가 왜 벌을 서고 있지?" 하고는 웃으시던 기억이 어렴풋하게 스쳐지나 갑니다. 그때 저는 문예반에서 활동을 하였으니까 알아 보신거지요.

선생님께서는 휴전과 더불어 육군 장교로 근무하시다가 제대 후 바로 우리 학교로 오셨다는 선배들의 말을 들었고, 저는 그 다음해에 입학을 하였다고 생각됩니다.

1953년 전쟁은 휴전으로 끝나고, 전국이 전후의 후유증으로 어느 곳 한 곳 성한 곳이 없는 어수선한 무렵, 그때 선생님께서는 우리 친구들 사이에 오고 간 말들을 모르실 겁니다. 넓은 운동장을 지나 수업에 들어가실 때나 마치고 나오실 때, 선생님의 손바닥에는 영어 암기 카드가 들어 있었고, 그것을 한번 씩 들여다보며 입을 우물거리며 외우고 있는 모습이 그때 모든 학생들에게 큰 쇼크였습니다. 말하자면 선생님의 그러한 모습이 다소 신기하기도 했지만 선생님도 저렇게 하는데 우리는… 하는 자신감을 배우게 되었다는 점입니다.

문예반과 도서반 활동을 하면서 문학이 무엇인가를 알려고 했고, 제가 고 2때 교내 백일장에서 '산'이란 제목으로 쓴 시가 시부의 장원을 하자 선생님께서 학교 정문 옆 게시판에 엄청나게 큰 글씨로 장원 작품을 게시하여 놓음으로 그때 제법 인기를 얻었다고 할까요.

당시 문예반 선후배들이 프린트판으로 발간한 '시집 『여명(黎明)』 7인집(마상고)'이라는 책이 그때의 추억을 붙들고 있습니다. 이수황, 이경호, 박봉진, 조병무, 임철규, 강흥조, 김재호의 작품으로 만들어진 일종의 동인지와 같습니다. 기억이 나시는지 모르겠습니다.

그때 마산에서 선생님들께서 활동하신 '흑상아(黑象牙)'라는 동인 활동이 저희들 마산의 문학 공부하는 친구들 사이에 일종의 자극이라고 할까요. 그래서 교내에서 저희들도 『여명』이라는 동인지를 만들고 시내 남녀고등학생들이 모여서 만든 동인이 '백치(白痴)'였습니다.

노비산에서 매월 시낭송회를 할 때, 선생님께서도 오셔서 문학에 대한 강의도 해 주시고 많은 보살핌이 있었음을 기억합니다. 그때 마산은 문학의 황금기였다고 생각합니다. 선생님과 김춘수 시인, 이원섭 시인, 김세익 시인, 이 석 시인, 김수돈 시인, 정진업 시인 등이 계셔서 50년도 중반의 마산의 고등학생들이 문인으로 등단하고 활동하게 된 힘이라고 생각합니다.

그때 고등학생이며 주로 '백치' 동인인 이제하, 이광석, 김병총, 박현령, 김만옥, 강위석, 김재호, 추창영, 그리고 제가 문학 활동을 지금까지 꾸준하게 할 수 있는 뿌리라고 봅니다.

심산 선생님의 끈질긴 문학에 대한 집념과 열정적인 문학에 대해 실제로 보여주시는 행동이 주변의 많은 사람들의 감동을 주는 것은 사실입니다.

요즘도 종심을 넘긴 저희들 동창들이 모이면 가끔 선생님께서 영어단어 암기를 하면서 판자 교실을 드나들고 하셨던 그 모습에서 많은 것을 배웠다는 이야기를 합니다. 말하자면 선생님의 그 '지독한 집념과 끈기'를 반세기를 지난 오늘에도 선생님의 제자들은 감탄하고 그 모습에 감동한다는 것입니다.

또 한 가지 잊을 수 없는 일은 저가 동국대학에 입학한 후 조연현 선생님에게 써 주신 편지를 계기로 문학평론을 해야겠다는 생각을 하게 되었고, 조연현 선생님을 가깝게 모실 수 있었다는 점 또한 생각납니다.

또 한 가지 잊을 수 없는 일이 있습니다. 방학 때만 되면 북마산역 지나 사셨던 댁을 자주 찾아가서 선생님의 서재를 드나들면서 필요한 시집들은 그때 대부분 필사를 하여 지금도 보관되고 있다는 것을 모르시죠. 정지용 시집 『백록담』 『정지용 시선』 등 많습니다. 그리고 방학이 아닐 때는 혜화동에 사셨던 조연현 선생님 댁을 수시로 찾아가서 역시 서재의 책을 빌려다가 필사를 한 것이 백여 권은 넘을 것입니다.

도저히 살 수 없는 시집들을 가깝게 읽을 수 있는 것은 필사밖에 없다는 것을 알고 필사를 하게 된 것입니다. 지금 생각하면 그때 그 귀한 책을 아무 거리낌 없이 빌려 주신 두 분의 선생님을 한 번 더 생각하게 됩니다. 희귀한 책은 저 자신 잘 빌려 주지 않았기 때문입니다.

심산 선생님.

그때 언제인가 때를 모르겠습니다만 선생님께서 이문동인가 사실 때, 엄청난 태풍으로 집이 물에 잠기었을 때, 가슴까지 차는 물길을 헤치면서 책이란 가구들을 지붕으로 옮기었던 기억,

그때 집으로 돌아오면서 물에 젖은 옷과 냄새 때문에 주변 사람들의 눈총을 느낀 기억 등 이젠 모든 것이 추억이 되었습니다.

심산 문덕수 선생님, 항상 건강하시고 매사에 열정적인 모습 간직하시길 축원합니다.

(「문학의 집 · 서울」 2007년 3월호)

*심산 문덕수 선생님께서 2020년 3월 13일에 별세하셨습니다. 이 글은 오래 전에 발표한 편지인데 선생님이 그리워 다시 게재합니다.

나의 제자 시인에게

혜선아!(참, 이젠 이렇게 부르면 안 되는데…)

이혜선 시인!

흑룡이 춤추며 하늘을 가로 질러 내려오고 있는 빛 고운 날, 이혜선 시인의 공개편지 받고 먼 지난날 망각의 커튼을 열게 되는군요. 40여 년 전으로 추억 여행을 떠나 보는 기쁨에 젖게 됨은 오랜 기억 속에 침잠되어 있는『진달래학보』에 얽힌 그때 그 시절의 정감이 있기 때문일 것입니다.

제자로서 대학의 후배로, 그리고 문학이라는 폭 넓은 세상에서 만남이 연속되고 있는 이혜선 시인은 그의 신랑인 국문학자이며 한학자인 박희 교수의 정감 또한 나를 매료하기 때문일 것이오. 제자의 살아가는 모습에서 적극적인 성품의 공감을 항상 느끼기 때문에 어쩌면 나의 지난날을 보는 것 같아 너무 좋다고 생각하오.

마산의 사학명문인 제일여자고등학교 생활은 나에게 엄청난 추억과 함께 사람은 어떻게 살아야 하는가라는 화답을 준 곳이기도 하지요. 사회생활의 첫걸음이며 교사로서도 첫걸음인 나에게 문학과 함께할 수 있는 길이 무엇이가에 대한 지침을 내려준 곳이기도 합니다.

문학에 대한 막연한 동경 때문에 당시 어려운 여러 사정에도 불구하고 동국대학에 입학하고 1학년을 마치자 군에 입대하여 2년여 동안 양평으로 철원으로 이동하며 군대 생활의 힘찬 맥박을 얻었지요.

제대 이후 복학과 휴학을 거듭하면서 재학 중 조연현 문학평론가로부터 문학평론 추천의 영광을 얻고, 1960년대 중반 입학 후 8년여 만에 대학을 졸업하자 나는 운 좋게도 마산제일여자고등학교 설립자이신 이형규 교장선생으로부터 국어과목을 담당해줄 것과 문예반을 지도하고 학보를 발행하는데 역할을 담당해줄 것을 부탁받았지요.

이혜선 시인이 말했듯이 나와의 인연은 이 학교에서 문예반 지도 선생과 『진달래학보』를 매월 발행하는 책임을 맡을 때, 이혜선 시인이 학보사 학생기자로 활동하여 나를 많이 도와준 것은 물론 오늘날까시 긴 세월 동안 문학이라는 같은 길을 걷게 되었다는 것이 더욱 큰 인연이지요.

그때 학보사 사무실이 마산 앞 바다가 내려다보이는 학교 5층 건물 코너에 삼방향이 탁 터인 곳이었지요. 학보를 발행하기 위해 기자들과 회의를 할 때 바다에 대한 이야기를 많이 했다고 기억합니다.

여름방학이 되면 바다에 대해 조예가 깊으신 국어 담당 최익배 선생님을 모시고 남쪽 바다 멀리 새섬을 찾아 여름 휴양 겸 토론으로 며칠을 지냈지요. 작은 배를 타고 다니면서 바다낚시의 매력에 빠지기도 하고 낚은 고기로 즉석 회를 만들어 먹으면서 목청을 돋우어 노래를 불렀던 아름다운 추억을 잊을 수 없다오.

새섬의 멋진 추억을 잊지 못하고 학보사의 생생한 기억 속에서 새로운 출발이 시작된 것은 20여 년 전 서울에서의 '진달래 모임'이지요. 옛 진달래 학보사 기자들이 졸업하고 사회에서 각자 나름대로 활동을 하면서도 옛 정이 그리워 1년에 한번이라도 모여서 지나간 추억과 회포를 나누자고 모인 모임이 결국 사제간의 모임으로 발전했지요. '매년 1월 둘째 금요일'에 만나자는 약속에서 연초가 되면 기다려지는 모임이었습니다.

그때 선생님으로 계셨던 김지연 소설가, 유안진 시인, 최익배 선생님, 그리고 저와 함께 김영희, 하영옥, 이혜선, 나순자, 김진순, 이희옥, 변순자, 신용선, 정근련, 유기순, 차숙임, 박배련 기자들과 시간 가는 줄 모르고 이야기꽃 속에 파묻히곤 했지. 매년 1월이면 사실 기다려지는 모임입니다.

정말 보기 드문 모임으로 나는 어디 가던 자랑을 하였다오. 스승과 제자들과의 오랜 끈끈한 정이란 오늘날 허물어져 가는 사회현상으로 볼 때 자랑스럽지 않을 수 없다오. 이들이 모두 서울에 거주하는 것도 아니고 부산, 마산 등지에서 모여들고 있다는 것은 어려운 일일 수도 있습니다. 노익장 최익배 선생님의 재치와 웃기는 말씀과 학창 시절의 추억담은 두고두고 기억의 창고 속에 보관되어 있죠. 그리고 학창 시절 선생님들의 별명과 알려지지 않은 이야기들을 서슴없이 하면서 격의 없이 웃음의 바다로 회전하는 것 같았지요. 돌아가신 최익배 선생님이 그리워지는군요.

나의 사랑하는 제자 이혜선 시인, 그리고 문학박사!

나는 오랜 일생을 여자 고등학교와 대학교 선생으로 지냈기 때문에 여 제자에 대한 미련을 갖지 않으려고 하지요. 주변 남학교에 재직했던 선생님은 많은 제자를 자랑하기도 합니다. 자주 모임도 갖고 초대도 한다는 소리를 들을 때면 좀 서운하지요. 그러나 나에게는 문학이라는 영역 속에서 같이 활동하는 제자들을 볼 때면 오히려 신바람 나는 것을 어쩝니까.

제자들 중에서 시인으로 활동하는 이혜선, 이진명, 김금용, 박연준, 나순자, 변순자 시인 등 자랑스럽지요. 특히 이혜선 시인과는 한국현대시인협회와 시문학회 그리고 문학의 집·서울에서의 모임 때 자주 만남의 자리를 갖는 즐거움이 있습니다. 이혜선 시인은 시문학회 회장과 동국문학회 회장을 맡으면서 많은 새로운 일들을 활발하게 추진하기도 하고, 한국현대시인협회 부이사장을 맡아 협회의 일을 해 내는 것을 보면서 나의 제자의 참 모습을 찾게 되었지요. 그리고 한국문인협회 부이사장을 맡아 새로운 일을 많이 하리라고 보아도 되겠지요.

모든 일을 스스로 해결하고 때로는 깊은 통찰력을 가진 문학

이론을 내세워 자신만의 세계를 구축하기도 하는 모습에서 든든한 시인 이혜선을 다시 보게 된다는 것은 제자와 스승이라는 격을 넘어 문학 속의 또 다른 단층을 형성하는 것으로 보아 자랑스럽지 않을 수 없구려.

특히 매달 금요시론포럼을 갖는 한국시문학아카데미의 행사에서 이혜선 시인의 이론 발표를 읽으면서 그 이론에 대한 깊은 연구열에 더욱 나의 제자가 자랑스러워지군요. 지난해 마지막 행사에서 행한 '페미니즘(feminism)' 이론에 대한 발표문에서 총체적인 섭렵의 강도를 밀도 깊게 보여 주었더군요.

월간 『시문학』 2004년 3월호에 '이달의 시인탐구'에서 보여준 나의 작품에 대한 평론 「순명의식과 사랑의 세계」에서 '마침내 하늘의 명(命)과 인간의 운명, 우주 만유의 섭리, 도덕적 질서 등을 깨닫고 순응하는 순명의식으로 표출된다.'라는 지적은 나의 시적 감성을 잘 정리해준 것입니다.

이혜선 시인, 새해에도 세상이 놀라워할 새로운 작품에 도전합시다.

(문학의 집 · 서울)

2.

땅의 생명체

「정감록」이나 각 지역의 설화를 보면 사람이 살고 있는 땅은 그 사람의 운명과 관계있음을 말하고 있다. 말하자면 풍수 사상에 의해 자신이 살고 있는 터, 즉 땅의 방위와 지형이 어떠한가에 따라 그 사람의 명과 운이 따르게 된다고 믿는다. 말하자면 그 사람이 타고난 운명이 살고 있는 땅의 운세와 맞아 떨어지느냐, 멀어지느냐에 따라 팔자도 고치고 아니면 죽음이라는 명을 짊어지게 된다고 한다.

사람이 죽음을 맞게 되면 지관을 불러 묏자리를 잡게 한다. 지관은 죽음을 맞은 사람의 타고난 운세를 가름하여 땅의 지기를 알아내고 그 자리에 묻히게 된다. 그뿐인가, 집을 장만하게 되면 집터를 운세에 맞추어 가야 한다는 풍수의 믿음, 「정감록」에서는 땅은 많은 사람들의 삶과 운세를 규정한다고 믿는다.

삶의 땅이나 죽음 이후의 땅인 터는 땅의 지리학적 인식이 무엇인가에 따라 믿음과 절망이 엇갈리게 된다. 좋은 터, 나쁜 터의 지형이 어쩌면 사람의 마음과 상통하기 때문에 풍수의 운세는 그 자신에게로 가기 마련이다. 오늘날 농부들에게 땅의 비옥한 토질을 유지하기 위하여 지형을 바꾸기도 하고 옥토가 되도록 토질을 바꾸어 보려는 노력의 모습이 땅이라는 절대적 가치를 높이려는 마음이다.

그래서 사람들은 땅의 운세를 믿기도 하고, 땅의 기운을 받아 내려고 온갖 노력을 하는 까닭도 땅은 생명체와의 절대적인 관계가 있기 때문이다.

지구라는 덩어리에는 땅이라는 절대적인 생명체와 유기적 관계를 뗄 수 없는 생물이나 무생물이 많다. 그 가운데 인간은 어떤가. 살아있는 우주의 생명체 가운데 인간만이 땅 위에서 모든 생명체의 으뜸이라고 자부심을 갖는 것은 잘못된 생각이 아닐까.

지구라는 땅덩어리에서 볼 때, 유독 인간만이 고도의 두뇌활동을 하고 사고의 영역이 넓고 크기 때문에 땅의 주권을 잡았을 뿐, 다른 생명체 역시 그들만의 생존적인 주권체계가 있음은 분명하다. 그것은 인간이나 다른 생명체가 공존하는 땅이라는 활력이 있기 때문이다.

지구의 땅덩어리에 생명력을 유지하는 식물이나 인간외의 동물, 자연석 경관을 이루는 흙이나 놀, 그리고 흘러가는 물, 이들의 세계에서도 너무나 정확하고 명확한 땅의 주권을 누리고 있음을 인간은 외면하고 있을 뿐이다.

땅은 삶의 절대적인 영역이기 때문에 땅에 대한 소유욕은 인간이나 자연의 모든 물상들은 이에 대한 집착이 강하여 보다 넓고 보다 좋은 땅을 향한 강한 욕구가 비껴가지를 않는다. 지금도 우주라는 공간 곳곳에서는 인간이나 많은 생명의 물상들은 땅을 소유하기 위한 영역 싸움이 끝나지를 않고 있다.

많은 소시민들은 일상으로 땅은 농작이나 경작, 그리고 주거지로의 역할만을 생각할 때가 많다. 사실 그러한 역할로서 기능을 인식할 뿐이다.

땅은 죽음이 없다. 최근 긴 역사 속에서 천년을 넘기는 유물이 땅 속에서 출토되는 것은 땅의 생명력을 입증하는 것이다. 경주 황오동 고분군에서 출토된 1600년 전의 신라지배층의 철제비늘 갑옷과 마구류, 전남 여수시 죽림택지 개발지구에서 출토된 가야계 유물, 풍납토성에서 삼국시대 청동, 백제 초기의 토기, 금제장신구류, 경북 군위군 일연스님이 『삼국유사』를 저술한 곳인 임각사 경내에서 각종 공양구 등은 수천 년 동안 땅이라는 생명체의 보호 속에서 새로운 생명체로 탄생한 것이다.

그러한 유물들은 수천 년의 시대의 흐름 속에서 깊은 땅 속에 머물면서 땅의 지기와 보호 아래 사라지지 않고 원형을 유지하면서 후세에까지 생명체를 유지했다는 것은 땅과 유물의 기운이 맞닿아 머물러주었기 때문이 아닐까.

특히 우리나라의 땅은 너무나 많은 선물을 오늘날까지 가져다주고 있다. 우리나라는 어느 지역 가리지 않고 모든 땅이 유물의 보물창고로 불릴 만큼 과거 역사의 숨쉼을 느낄 수 있는 생명체로서의 위상을 오늘날도 찾을 수 있다.

그러나 인간은 하나의 통치의 기관을 설정하여 그 통치 영역에 대한 거대한 꿈의 망상 속에서 나 아닌 다른 인간을 몰아내고 죽음으로 밀어 넣는다. 땅이라는 국가적인 영토에 대한 편협한 집념과 망상을 물리치지 못하기 때문이다.

흘러가는 물결을 보라. 물살이 거세어지면 그 흘러가는 땅의 영역이 더욱 넓어져야 함으로 주변의 땅은 물살의 흐름을 위하여 거대하게 넓혀 간다. 깊은 산이나 넓은 들에서는 많은 새들이나 들쥐, 그뿐만 아니라 바다 속의 물고기들, 아무 말 없이 자라고 있는 여러 종류의 나무들까지 지열이 닿는 땅의 영역을 나의 것으로 넓혀 가면서 살아간다.

산 길 저문 곳에서 깊은 땅의 기운을 찾아 열심히 토굴을 파내고 있는 한 무리의 개미떼를 보아라. 그들은 각자가 맡은 영역 속에서 힘을 아끼지 않고 그들의 보금자리이며, 종족보존의 터를 파내고 있는 땅, 그 땅에서 후손을 보호하고, 종족을 보존하고, 삶의 힘을 기리는 개미들의 행렬에서 그들이 만들어낸 토굴의 땅은 더욱 위대해 보인다.

그뿐인가. 옥토의 땅을 파내면 굼틀거리는 지렁이의 강렬한 활동은 땅의 지열과 온기가 얼마나 강하며, 땅과 지렁이의 공생관계를 한층 믿음직스럽게 하는 생명력의 하모니를 듣는 것 같아 땅의 소중함을 알 수 있다.

땅은 흙이라는 무한한 지력을 그들과 함께 공존하는 생물이나 무생물들의 영원한 동반자이며, 안내자이다. 그래서 땅은 특히 인간에게는 절대적인 가치의 일체이기도 하다. 땅이라는 생명체에 대한 소유는 생명체에 대한 강한 열망이자 자기 존재에 대한 인식으로 확대되기 때문이다.

그래서 땅은 죽음을 멀리하여 새로운 생명을 품고 있는 영원한 고향이다.

나를 찾는 글방

고등학교 시절 마산에서 '백치'라는 문학동인 활동할 때, 다다미 2장반 정도의 나의 글방을 만들어 주신 부모님, 집 뒤쪽에 별도로 나의 방을 만들어 책장 하나 구해다가 그동안 모아둔 책들을 놓고 책상 앞에 앉아서 글 쓰고 책 읽던 생각이 난다.

대학 입학 이후 청계천 일대의 헌책방에서 시집이랑 소설책 등을 수집하다시피 하여 모아둔 책을 방학 때, 모두 고향 내 서재로 가져와 책장에 진열하는 즐거움이란 이루 말할 수 없는 기쁨이었다.

60년대 대학을 졸업하고 결혼하여 삶의 터전을 전전하면서 글방을 우선 생각하며 살아왔다. 그 후 70년 초 서울로 식상을 옮기면서 어린이대공원 인근 화양동에 거처를 마련하면서 그동안 불어난 책들로 별도 서재를 차릴 방이 없어 마루의 전체 벽면을 책장으로 도배를 하고 그중에서 아주 작은 방 하나에 책상 겨우 놓을 공간을 집필실로 삼았다. 이러한 글방은 이후 서초동 구반포아파트로 거처를 옮겨 그동안 또 불어난 책들로 넓은 마루 전체가 책장으로 들어찬 나의 서재가 되었다. 말하자면 내가 사는 공간 자체가 글방이요 서재였다.

나의 글방은 작은 공간, 나만이 조용히 사색할 수 있는 공간이며, 명상에 잠겨 마음을 무념의 세계로 통하게 하는 공간이다. 벽면에서 조용히 바라보고 있는 석굴암 본존불 부처님의 명상 모습에서 때로는 또 다른 나로 돌아가는 마음의 안식을 얻게 된다.

그뿐인가, 나의 글방은 나의 글쓰기에 전념하는 공간이면서 때로는 나의 새로운 모습을 찾아나서는 공간이다. 한지로 만들어내는 나의 그림의 조화로움이 글방을 더욱 밝게 해준다. 화판에 그려지는 새로운 창의적인 조형물이 탄생하는 신비의 현장 화실이 되기도 한다.

때로는 음악을 들을 수 있는 공간, 흘러간 가곡은 물론 오랜 유행가 가락을 들으며 흥겨워하기도 하고 수준 높은 세계적인 음악가들의 작품을 들으며, 현재와 과거와 미래를 넘나들며 나의 본체와 본성을 찾아 헤매기도 하는 공간, 나의 글방이다.

말하자면 나만의 자유로움을 차지하는 글방이기에 나만이 필요로 하는 많은 물건들이 자리를 차지하기도 한다. 내가 보존하여야 할 많은 서류며, 원고들이 글방 모퉁이에 비밀리에 챙겨두기도 한다.

몇 년 전 나의 서재의 보물인 많은 책들은 나를 떠나 이사를 갔다. 대학을 정년하면서 이 이상 이 책들을 옮겨 놓을 공간 확보가 힘들게 되었다. 대학에 있을 때는 개인 연구실이 있기 때문에 그

곳에 책들을 놓아두면 되었다. 그러나 정년 이후 다시 이 많은 책들을 집으로 옮겨 오기는 힘들었다. 다소 이르기는 하여도 이 책을 후학들을 위해 영구 보존의 장소로 옮겨야 했다.

나의 글방의 책들은 울산대학교의 배려로 울산대학 중앙도서관에 「평리문고」라는 개인 문고를 설치하여 영원히 보존되면서 후학들에게나 연구자들에게 많은 도움이 되고 있다. 아끼고 사랑하는 나의 분신들이 울산대학교 중앙도서관 「평리문고」에서 더욱 많은 사랑을 받는다는 생각에서 매일이다시피 메일을 열어 「평리문고」 http://home.ulsan.ac.kr/user/pyeongli를 방문하는 또 하나의 기쁨이 나에게 있다.

지금의 나의 글방의 책은 내 곁에서 조금 멀리 떨어져 있지만 또 새로운 작은 마술 속에서 향상 또 다른 나를 찾아 헤맨다.

문학이 준 행운의 복

나는 일본 오사카(大阪)에서 태어났다. 아버지는 경남 함안군 여항면에서 총각 시절을 보내다가 어느 날 뒷산으로 나무하러 갔다가 일본 경찰과 시비가 붙어 문제가 되자 할아버지는 후환이 두려워 아버지의 고모부가 살고 계시는 일본으로 보냈다고 한다. 그 후 아버지는 고향 근처에 살고 있는 어머니와 결혼 하게 되어 일본서 4남매를 낳으셨고, 후일 한국에 와서 세 여동생을 낳아 7남매가 되었다.

해방되는 그 해 늦은 겨울 형님이 다니는 학교에 폭탄이 떨어져 하루를 지난 후에야 피투성이로 나타난 형님을 보고 한국으로 귀국을 결심하게 된다. 귀국에 앞서 모든 살림을 미리 한국으로 보내기 위해 후쿠오카(福岡) 항구까지 기차로 보내고 준비를 하는 중 히로시마에 원자폭탄이 떨어진다. 아버지는 초등학생인 나를 이끌고 보낸 짐이 어떤가를 알아보기 위해 기차를 타고 갔으나 폭탄으로 뒷수습을 하는 히로시마 역에서 기차는 멈춘다. 어릴 때 본 히로시마의 참상은 일생 잊혀지지 않는 아비

규환이었다.

아버지는 그날로 오사카로 돌아와 즉시 가족을 이끌고 후쿠오카 항구로 가서 배편으로 귀국하는 여러 동포와 함께 떠났다. 대마도 근교에 와서 우리가 탄 배는 바다에 떠 있었던 파선에 부딪쳐 물이 스며들기 시작하자 배는 기울기 시작하고 가족들은 갑판에 모여 손을 맞잡고 구조선을 기다렸다. 그때 일본 대마도 경찰배가 나타나 우리를 구해 대마도 폐광에 우선 여장을 풀게 한다. 폐광 생활 며칠 후 라디오에서 일본이 항복했다는 뉴스를 듣게 된다. 우리 가족은 마산에 정착하게 되고 그곳에서 초등학교, 중학교, 고등학교를 마친다.

나의 문학의 꿈이 튼 것은 중학교 때 국어시간에 선생님께서 동요를 쓰게 한 것을 모아 등사판으로 작은 동요집을 만들어 주셨다. 나는 그것이 자랑스러웠고 그 후 고등학교에서 2학년 때 교내백일장에서 「산」이라는 제목으로 장원에 당선된다. 그때 문예반 지도 선생님이신 문덕수 시인께서 판자로 지은 피난 교실로 들어가는 교문 옆 게시판에 당선작품을 오랫동안 전시를 하여준 계기가 동국대학교 국어국문학과를 택한 동기가 된다.

나의 문학 수업은 문학동인 활동이 중요한 계기가 된다. 고등학교 2학년 때 마산에서 시내 각 고등학교 문학 지망생들이 모여 만든 '백치'라는 동인활동은 그 열성이 대단하였다. 그 당시 매월이다시피 시낭회와 마산에 계셨던 김춘수, 김수돈, 정진업, 문덕수, 김상옥, 김세익 시인께서 문학 강좌를 맡아 주셨다.

나와 동인활동은 문학의 윤활유로 문학에 대한 열정 그것이었다. 동국대학교에 입학 후 미당 서정주 선생님, 조연현 선생님의 강의는 물론 선생님과의 개인적인 유대는 나의 문학의 방향과 진로를 결정지어 주는 큰 힘이 되었다. 대학 2학년 재학중 대학신문에 발표한 「이상비의 문학적 진단」이란 글을 보신 조연현 선생님께서 평론을 하여보라는 말씀에 더욱 힘을 얻어 군대생활 2년을 마치고 복학하면서 이상의 소설 『날개』를 분석한 평론인 「날개의 두 표상」으로 1963년 1회 조연현 선생님의 추천을 받고, 1965년에 박경리 소설 『불신시대』를 분석한 「자의식의 문학」으로 2회 추천으로 『현대문학』을 통해 문학평론가로 등단하게 된다.

등단 이후 금년에 출간한 문학평론집 『문학의 환경과 변화의 시대』 등 22권의 저서를 출간하였다. 특히 시집 3권에서 연작시 「꿈 사설」 23편, 「신해가사」 6편, 「시가 있는 사찰 여행」 27편 등을 발표하고, 「시가 있는 사찰 여행」의 연작시는 불교TV를 통해 나의 영상작품과 함께 생방송으로 1년여 동안 방영된 바 있다.

나의 문학평론은 초기에는 한국현대 소설과 현대시에 대한 문학사적인 관심을 토대로 역사적인 방향과 인간 삶의 영역에서 다루어지고 있는 상위적인 개념을 추구하는 방향을 찾아 나서고 있으며, 최근에 와서는 사회적 통념에서 벗어나는 새로운 변화의 문제와 문학과 자연의 상관관계에서 정신적인 수행의 역할이 무엇인가를 추구하고 있다. 특히 우리의 오랜 역사에서 고난의 흔적인 비무장지대와 문학의 상보적인 관계는 물론 인간과 근접한 생태환경으로써의 가치를 추구하는 문제에 대하여 경종을 울리는 글을 관심의 대상으로 하고 있다.

나의 초기 시 작품은 무념이나 무상의 세계에서 무아의 상태에 몰입하여 선의 문제를 많이 다루어왔다. 그래선지 내면 의식의 세계에서 벗어나지 못하고 마음이 지니는 일치점을 찾아 헤맨 적도 있었다. 모든 사물에서 인간적인 마음의 정밀성이 어디 있나? 그래서 불경의 '색즉시공 공즉시색(色卽是空 空卽是色)'의 문제나 '무즉유 유즉무(無卽有 有卽無)'라는 말씀의 정신세계에서 무념(無念)을 찾고 무상(無常)을 찾아 시의 세계를 찾아 헤매고 다닌 적이 있다. 어쩌면 정신분석학자 프로이드의 무의식과 잠재의식의 세계의 상황에서 하나의 모체를 '마음'이라는 화답을 끌어 들이는지도 모른다.

최근에는 공간과 시간의 차이를 넘나들고 있는 환영의 세계는 물론 내면과 외면의 등차를 인간과 교차하는 세계가 무엇인가하고 방향을 거듭하고 있는지 모른다.

이러한 나의 문학 창작적인 요소 이외에 또 다른 관심의 대상이 10여 년 전 오랜 각고의 시간을 보내면서 수확을 본 『한국소설묘사사전』 전6권의 저서를 세상에 내놓은 일이다. 동덕여대 문창과에서 학생들과 연구를 거듭하면서 만들어낸 책이기에 더욱 애착이 가는 저서이다. 1권 사랑과 성, 여성, 만남, 이별, 2

권 인물·1, 외양, 용모, 3권 인물·2, 심리, 성격, 4권 무대, 장소, 가옥, 5권 행위, 동작, 작업, 집회, 6권 자연, 서정, 동물, 음식 등으로 방대한 분량의 작업이었다. 300여 명의 소설가들의 작품에서 발췌한 묘사를 집대성한 책이다. 이 책은 2002년 문화관광부 우수학술도서로 선정된 바 있다.

다음으로 「한국여성시인을 찾아서」라는 제목으로 50년대부터 80년대 초까지 활동하는 현역 한국여성시인들과의 대담한 기록을 학생들과 함께 채록했다. 40여 명에 달하는 여성 시인과의 대담 기록을 책으로 묶어 내는 일이다. 살아 있는 생생한 기록으로 연구의 큰 자료의 역할을 할 것이다.

나는 일생의 문학 활동에서 더러는 후회스러운 일도 많지만 훈훈한 마음으로 교류되는 많은 문학인과의 교류는 문학이 준 큰 행운의 복이라고 생각하며 영원할 것이다.

멍청한 기계음 세상

요즘 급속히 변화하는 세상을 살아가면서 멍한 생각에 잠길 때가 많다.

온통 세상 사람들은 기계음의 소리에 복종하면서 살아간다. 새벽 초인종 소리에서부터 "전화 왔어요." 하는 핸드폰, "맛있는 밥을 시작하겠습니다."라는 밥솥이 내뱉는 소리, 자동차를 움직이면 이젠 내비게이션의 노예가 되어 버린 운전자, 핸드폰의 문자나 소리음이 왔다는 기계음에서 일상의 일들이 시작된다. 그래서 젊은이는 소리에 예속된 멍청이가 되어 간다면 망발일까.

오늘날 새로움을 갈구하는 사람들의 두뇌활용에 의해 그 욕망은 또 다른 형태로 모습을 바꾸어 가는 것은 사실이다. 기계에 의해 자연을 바꾸고, 관습을 고치고, 살아가는 방식까지 또 다른 형상으로 바꾸어 간다. 날로 우리가 해야 하고 알아야 할 가짓수도 늘고 있다.

보다 편해지기 위한 핸드폰과 인터넷, 갈수록 어려워지고 복잡해지며, TV나 방송 매체에서 사용하는 언어는 일상의 언어에서 멀어져 알아듣기 힘든 소리로 변했다. 지난해에 우연하게 내가 어렸을 때 아버지 따라 즐겨 찾았던 고향 근처를 지나게 되었다. 윗마을 산촌에서 맑게 흘러내린 냇물은 댐으로 변하여 지난날의 마을은 보이지 않았다. 마을은 사라져 버린 것이다. 초등학교부터 고등학교까지 다녔던 마산 앞바다는 매립을 거듭하여 지난해에는 해일을 맞아 선창가 상가들이 물 속에 잠겼다는 소식을 들으면서 인간이 보다 풍요롭게 살기를 갈망하는 욕망이 오히려 다른 형상으로 나타나리라고 생각이나 했겠나 싶다.

앞 바다를 매립하여 수출 산업의 공단이 들어서 새로운 산업 기지를 만들면서 시민들의 혜택도 물론 국가의 산업 발전에도 큰 공을 세운 것은 사실이다. 오늘날 과학문명은 인간의 생활을 만족하고 살기 좋게 만들고 있다고 하지만 매립으로 인한 후유증은 아무도 모른다.

이러한 자연의 현상도 그러려니와 인터넷과 핸드폰을 만지면서 기계가 앞으로 우리 생활에 어떤 영향을 미칠까. 핸드폰은 이미 소통의 분신이 된 지 오래다. 단순 통화나 보존 기능만을 유지한 핸드폰을 넘어 스마트폰은 사람들의 생활 관습을 바꾸어 놓을 판이다. 인간의 두뇌 역할을 맡아 움직여 주는 운영체제가 미래의 인간에게 어떤 상황이 닥쳐올 것이라는 예측은 이미 몇 가지 생활 패턴에서 우리들의 눈에 보인다.

인터넷에 올려진 저급한 댓글이 사람의 일생을 바꾸어 놓은 일이나 스마트폰으로 인한 숱한 노출로 인해 나 개인의 모습은 또 다른 저급으로 돌변하는 일과 멍청이가 되는 등 공포의 망상은 나로부터 멀리 있지 않다는 사실이다.

기계문명이 고급화될수록 인간의 두뇌는 저급화된다는 사실은 최근 나타나고 있다. 청소년들의 언어생활과 사고 능력이 망가지고 있다는 신문 보도를 대하면서 또 다른 장해 요인이 다가오고 있다는 사실을 염려해야 한다.

어느 날 아침, 새벽잠에서 깨어나니 나 자신은 온데간데없이 사라져 비렸다는 망상이라든가, 자신의 존재는 보이지 않고 어느 곳에서 발신하는 명령인지 알지 못하면서 꼭두각시마냥 발신음 따라 움직이고 있는 웃음거리 나의 망령이 언제 나타날지 알 수 없다.

미래의 꿈이라는 기계문명이 미래의 죽음을 재촉하는 종잇장이라는 생각은 헛된 망상일까.

(2010, 월간에세이)

복락의 땅과 문학

문학인들이 찾는 작품의 소재는 무엇일까. 문학이 찾아가는 세계는 한없이 멀고 가깝다. 작가들은 자신을 탐험하듯 미지의 통로를 스스로 개척하며 또 다른 삶의 세계를 찾아낸다. 세계문학이나 한국문학에서 보여준 무한한 세계는 인간의 상상을 초월하여 환상의 영적인 영감을 가능하게 한다.

우리의 고전문학 작품 가운데 『심청전』과 『홍길동전』이 지니는 문학적 가치는 당시의 시대적인 상황으로 볼 때, 소설적인 상상력과 무대의 설정은 높은 평가를 받을 수 있다.

작자 미상인 소설 『심청전』에서 공양미 삼백석을 부처님께 바치면 아버지의 눈을 뜰 수 있다는 효심으로 인당수에 몸을 던진다. 용궁의 용왕이 그 효심을 알고 다시 연꽃에 태워 인당수로 돌아와 왕비가 되어 맹인 잔치를 열어 아버지를 만나 눈을 뜨게 된다는 이야기다. 여기서 우리가 주목해야 할 부분은 인당수 바다에 빠진 심청이가 깊디깊은 바다에서 다시 살아 돌아온다는 가상 세계의 설정이다. 죽음과 삶의 초월이다.

조선 광해군시대 허균의 소설 『홍길동전』은 1600년경에 집필된 작품으로 작품에 나타나는 가상의 세계, 즉 홍길동이가 하늘을 날아오르기도 하고 천릿길을 단숨에 왔다 갔다 하는 초인적인 인물 설정에 우리의 문학적인 상상의 위대성은 세계를 앞섰던 것이다.

프랑스 작가 쥴 베르느가 1870년에 집필한 해양소설 『해저이만리』에서 바다 아래 이만리에서 벌어지는 이야기보다 우리의 『심청전』은 한 시대를 앞서 보여준 스토리이다. 문학작품이 찾는 소재의 발굴은 창작된 작품의 기발한 상상력에서 인간의 삶의 또 다른 영역의 세계를 확보하는 것이다.

세계의 많은 나라는 나라마다 긴 역사에서 선조들은 많은 문물과 문화를 남겨 주었으며, 나라를 잃은 슬픔의 역사와 동족간의 전쟁이라는 참상의 역사도 잊을 수 없다. 슬픔의 역사는 오히려 그 민족의 근면성으로 나타나 참상의 역사 속에서 오늘날 세계에 자랑스러운 국력과 경제 성장을 이루는 쾌거를 보여주기도 했다.

그렇다면 우리 민족에게는 반세기 이상 고통의 현상이면서 사손 후대에 영원한 복락의 땅이 될 수 있는 자연적 생태 보고이며, 침묵의 땅인 '비무장지대(DMZ)'라는 전쟁의 상처가 남겨진 현장을 지구인들은 물론 문학작품이 찾을 수 있는 희귀한 세계이다.

반세기 넘게 비무장지대라는 희귀한 경계는 교전국 쌍방이 협정에 따라 군사시설이나 인원을 배치해 놓지 않고 충돌을 방지하는 구실을 하는 곳으로 생태환경의 보고로 남겨진 현장이라는 사실이다. 세계 환경논자들은 지구의 환경생태 문제를 완화하여 세계적으로 지구온난화로 인한 공포를 느낄 수 있는 곳으로 비무장지대를 들고 있다. 이 한 맺힌 땅은 인간은 소외되고 희귀 동식물들만의 서식지가 되었으며, 자생적인 생태 보전과 원시적 환경으로 사람의 발자국은 지워지고 사라진 지 반세기를 넘긴 침묵의 땅이다.

이러한 비극이며 복락의 땅이 될 수 있는 비무장지대에 대한 문학 작품의 관심으로 1957년 박봉우 시집 『휴전선』, 소설가 이호철의 단편 소설 『판문점』, 중국동포 작가 김철의 『휴전선은 말이 없다(2006년)』가 발표되었다. 시 전문잡지인 『시문학』지에 1996년 5월호부터 1999년 8월호까지 4년간 '비무장지대'를 작품화 시키는 특집 편집을 기획하여 시 65편, 수필 14편, 평론 17편, 총 96편 비무장지대 주제로 창작 시 작품을 발표한 바 있다. 여기서 한 가지 특기할 작품으로 소설가 박청호의 장편 『갱스터스 파라다이스』라는 소설이다.

소설가 박청호는 장편소설 『갱스터스 파라다이스』에서 비무장지대를 배경으로 기발한 상상력을 나타내고 있다. 비무장지대 초소에서 근무하는 하사 정철호와 병장 김정수는 친구 사이로 통일 후 비무장지대를 사들인다는 희귀한 계획을 위해 은행 강도를 결심한다. 다소 황당한 줄거리이지만 이 작품에서 비무장지대의 가치 평가를 반세기의 침묵의 땅을 보존하려는 절규에 가까운 스토리라는 점이다.

최근 인간이 살아가는 현실에서 자연과 우주의 변화하는 무서운 현상을 눈앞에서 보여주면서 경고하고 있다. 지구 온난화(地球溫暖化) 문제가 생태계의 위협과 지구상 생물의 존재에 대한 위협이 가중되고, 열대온도와 이상기온, 일본과 미국 등지에서 삶의 현장을 초토화 시킨 태풍과 스나미 지진을 바라보는 많은 지구인은 무엇을 생각했을까. 반세기 이상을 침묵의 땅으로 보존된 땅, 비무장지대는 문학작품이 앞서서 보존의 소리를 높여야 한다.

생명의 영원한 도전

생명이란 무한한 가운데 긴 여정을 떠다니는 우주 속의 수수께끼일까.

인간의 수명이 길어지면서 세상의 모든 사람들이 백세를 넘겨 살고 싶은 욕망에 가득 차 있다. 자연의 섭리에 숨겨진 생명의 비밀을 캐면서 그 자연 속에 숨겨진 많은 생명 연장의 원리를 찾으려 한다. 생명은 시간의 한계를 갖지 않는다는 가설 속에 많은 공상적인 과학이 압도하고 있다.

장수마을을 보도하는 언론에서는 그 마을의 특색을 자연 환경에 따른 자연적인 요건을 이야기한다. 맑은 공기와 자연의 습성에서 얻어낸 식품이 주는 혜택은 장수의 비결이 된다는 것이다. 오래 살고 싶은 인간의 어쩔 수 없는 욕망이 주는 화답일까. 백세에 가까운 노인들이 화사한 얼굴을 내밀고 있는 그림은 또 다른 생명에 대한 기다림으로 보인다.

언론에 보도되는 광고에서도 연일 건강 보조식품의 효과와 효능에 대하여 웃지 못 할 신조어까지 만들어 내고 있다. 인간은 생명의 긴긴 세월을 염원하며 엄청난 기대와 기다림에서 헤어나지 못하고 너무 큰 시름 속에 머물고 있다.

아침 신문을 들추어보다가 '냉동인간'에 대한 기사를 읽었다. 기사의 표제는 '영하 196도 속 그들, 과연 깨어날까'라는 끔찍한 내용의 기사다. 미국의 어떤 물리학자의 저서에 근거하여 냉동보존재단이 운영되면서 223구의 시신이 냉각기 안에 보존된 상태에서 다시 살아날 그때를 기다린다는 것이다. 학자의 프로젝트는 이미 1961년에 출판한 『냉동인간』에서 출발하여 250년 후의 부활을 예고하고 있는 것이다. 죽음 속에 머물고 있는 냉동된 인간이 살아날 수 있다는 가설에 의해 생명과학은 발전을 거듭하고 실천하고 있다. 냉동인간이 부활하는 그 순간 또 다른 문제는 무엇일까.

그 학자의 실천은 34년 전, 80대에 숨을 거둔 자신의 어머니는 물론 첫째 아내가 67세에, 둘째 아내가 86세에 냉각기에 들어가 있다는 것이다. 이 학자의 나이는 94세이다. 자신 역시 냉각기에 들어갈 것임을 시사한다. 학자는 '냉동인간이 깨어나게 하는 시점엔 질병과 상처를 치료하고 젊음까지 되돌리는 기술도 실현될 것'임을 점지고 있다.

과학의 발전은 아무도 예측 못한다. 200년 후에 그러한 예측이 실현될 경우 또 다시 인간이 살아가는 환경에 많은 혼란과 새로운 질서가 쏟아져 올 것이기 때문이다. 몸서리쳐지는 환상일까.

자연의 광대한 생명체는 동식물의 세계에서 스스로 연장하고 지속되면서 죽음과 탄생을 번갈아 행해지고 있는 우주의 자연

현상이다. 인간은 언제부턴가 이러한 자연 현상에 대한 도전을 스스로 만들어 내는 지혜를 자랑한다.

이러한 환영의 세계에 몰두하면서 우리 문학의 세계는 생명과 직결된 것이 무엇일까. 사실 문학작품은 그 자체가 영원한 생명의 보존이면서 생명에 대한 가치를 영원히 전달하는 것이다. 한국문학 100년의 생명은 그 많은 작가들에 의해 탄생한 작품이 그 작가의 부활을 의미하며 그 작가와의 긴긴 대화 속으로 빠져드는 기쁨에 있다.

이미 수십 년 전에 돌아가신 문인의 작품을 읽고 조명하면서 마치 그 문인이 살아 돌아와 있음을 느끼는 것은 작가의 열정으로 남겨 놓은 혼이 다가와 있기 때문이 아닐까. 문학작품의 영원성은 그 작품이 지니고 있는 작가의 정신적인 호흡을 느끼고 그 작가의 마음의 동화를 체감하기 때문이다.

냉동인간에서 먼 후일 새로운 생명의 부활을 꿈꾸는 학자의 주장이 가설이라면 어쩌면 육신의 긴긴 생명의 유지보다 작가라는 인간의 정신적 영원성에 감동한다면 깊은 영적인 문학에서 또 무엇을 바라랴.

김소월의 정신이 우리 곁에 와 있고, 한용운의 긴 여운이 마음을 흔들어 주고, 박경리의 기나긴 토지가 우리를 살아가게 하고, 이광수의 사랑이 우리 곁에 와 있다는 것은 어떤 생명에 비할 바가 아니다.

삶의 생명이란 모든 생명체에 있어 귀하고 중요한 것이다. 우주가 살아 숨쉬고 그 속에 생존하는 많은 삼라만상의 원리는 빈 껍질의 허울에서 벗어나야 제값을 나타내는 것이다. 문학은 그래서 영원한 생명의 길고 긴 끈이다.

소통과 배려

과거 우리나라 선조들은 소통과 배려의 마음이 남달랐다. 이웃끼리는 물론 찾아오는 길손에게 베풂의 미덕으로 서로 소통하려는 마음을 보여준 나라였다. 그런데 언제부터인지 오늘날 사람이 살아가는 과정에서 서로가 서로를 이해하려는 마음이 사라져 가는 것 같아 안타깝다. 이러한 일들은 남녀노소, 어른, 아이 할 것 없이 단순한 일들에서부터 서로 부딪치는 과정에 이르기까지 상대를 이해하려 하지 않는다. 다소의 불만이 있어도 이해하려는 마음들이 앞서서 미소로 마음을 표시하거나 물러서 주는 태도가 사라지고 있다.

옛날 좁은 길에서 가고 오는 사람이 서로 만나면 옆으로 피해서서 상대편 사람이 먼저 지나가기를 배려하기도 했다. 그러나 오늘날에는 그러한 모습을 보기 어렵다. 피하기는커녕 부딪칠 듯 앞으로 사정없이 퉁기듯 먼저 지나친다. 자칫 정신을 차리지 않으면 약한 쪽이 넘어지기 십상이다.

그뿐인가. 거리 질서에 있어서도 마찬가지다. 좌측 우측의 질서는 없어져가고 있다. 내가 가는 길이 나의 길이요 방향이라고 착각한다. 양보보다 밀친다. 음식을 먹으면서 버스나 전철을 타는 늙은이나 젊은이들은 그것이 바른 일인 것처럼 입을 더 크게 벌려 먹고 쭉쭉 소리 내어 빨면서 앉거나 서 가는 사람들을 멀뚱멀뚱 쳐다보는 배려(?)까지 한다.

전철에서는 주변을 생각하지 않고 자기 자신이 하고 싶은 대로 행동이나 말을 하는 사람을 종종 보게 된다. 좌석에 앉자마자 신발을 벗고 양말까지 벗어 놓은 채 발바닥을 손바닥으로 문질러대는 사람들, 핸드폰을 열고 주변이야 어찌되든 큰소리로 주고받는 소리들, 남들에 대한 배려는 찾아볼 수가 없다.

무엇이 이렇게 삭막하게 만들고 있는 것일까.

사람과 사람과의 배려와 소통이 고갈되고 있기 때문이다.

사람들의 일상생활 주변에서 흔들고 떠들고 하는 행동이 오직 나만의 것이기에 나만을 위하는 일상을 타인에게 배려해야 한다는 생각을 버렸기 때문일까.

물질문명과 과학 발달의 첨단적인 변화가 인간을 무력화시키면서 단순한 추종적인 행위로 타락시키고 있기 때문이라는 주장도 나온다.

인터넷의 댓글에 대한 문제 역시 익명으로 자신을 숨겨 버린 상태에서 당당한 것 같이 착각 속으로 빠져들면서 위선 덩어리의 말들을 쏟아내고 있는 것이다. 서로를 마주 대하는 소통의 대화보다 위장된 공간에 본래의 자신을 숨겨 버린 상태에서 고

고연해진다.

가끔 노사 간의 갈등에서 저항하는 장면을 보게 된다. 텔레비전에 나오는 화면을 가득 채우고 있는 모습, 마스크로 얼굴을 가리고 모자를 눌러 쓴 상태에서 죽창으로 법을 집행하는 전경들을 찌르고 있는 모습에서 우리는 무엇을 생각하며, 어떤 감정에 사로잡힐까. 얼굴을 가려야 할 정도로 자신 없는 행동이라면 하지 말아야 한다.

최근 텔레비전의 대다수의 프로그램에는 지적 인사들이 출연하는 교양 프로그램보다 대중적인 인기를 지닌 인물들이 출연하는 프로그램이 큰 비중을 차지하고 있다. 이들이 떼로 몰려다니면서 고함을 지르고 엉켜 붙으면서 상말을 주고받는 것을 보면 상대에 대한 배려나 소통의 미덕은 찾아볼 수가 없다. 웃음으로 시간을 때우는 대중매체가 시청자들에게 소통과 배려를 오인하게 하고 착각으로 몰아가는 것이다.

특히 청소년들의 모방 행위는 그대로 사회적인 문제로 소통과 배려를 소멸시키고 있다.

과거 온 가족이 함께 모여 연속 드라마를 감상하던 시대는 사라져 가고 있다. 사라져 간다기보다 그렇게 할 수 없는 시대가 되어 버렸다. 줄거리의 비도덕성은 물론 상스러운 언어와 행동, 그리고 과잉 표정 속에 드러나는 흉물스러운 표정, 친족 간에 벌어지는 관계 접근, 사랑과 믿음보다는 음모와 조작된 상상의 갈등 등에서 아무런 소통이나 배려를 찾을 수가 없다.

혹자는 말하리라. 드라마는 어디까지나 드라마일 뿐이라고, 그것이 도덕 교과서냐고 말하리라. 맞는 것 같다. 그러나 틀렸다. 텔레비전은 가족 공동체의 공간이라는 점을 인식해야 한다. 단행본으로 읽을 수 있는 소설작품이라면 그보다 더한 상상력을 동원하여도 시공간의 격차가 있기 때문에 괜찮다. 가족 전체의 공동체에서 비켜났으니까.

오늘날 소통의 문화는 되살려야 한다. 타인과 나의 관계, 나와 다인의 관계에서 배려라는 덕목은 올바른 소통에서 원활하게 이루어져야 한다. 다만 이러한 소통과 배려의 문화는 국민이라는 단위는 물론 지도급에 있는 인물과 정치인들의 몫이 더 크다고 할 것이다. 왜냐면 어느 나라이든 이러한 현상을 국민 앞에서 싫든 좋든 보여주는 위치에 존재하기 때문이다.

의정 단상이라는 토론과 타협의 공간을 저버리고 그들이 의정단상 밖 공간에서 띠를 두르고 있다는 것은 본말이 전도된 소통과 배려, 단상 공간의 의미를 벗어난 생각이라면 잘못된 생각일까.

배려와 소통은 너와 나의 공간이면서 사랑과 감사의 현장이기 때문이다.

수리산이 열리면

오랜 서울의 도심 시대를 마감하고 수도권 전원도시로 이사를 하기로 마음먹었다. 언젠가 전철을 타고 지나가다 본 산본 신도시를 머리에 떠올렸다. 수리산이 병풍처럼 둘러치고, 마치 수리산신령이 크게 두 손을 쫘아악 벌리고 가슴에 품고 있는 형상을 한 그 속에 포근하게 안겨 있는 산본 신도시를 본 순간 이곳이다, 서울을 떠나 살 곳이 이곳이다. 그리하여 마음먹은 대로 결정되었다. 이사하기로….

부동산을 찾았을 때의 대화 한 토막 "전철이 가까운 곳이 좋지 않겠습니까?"

"아니요, 마루에서 숲을 볼 수 있고, 수리산으로 바로 들어갈 수 있는 곳이면 좋아요."

"모두들 전철이 가까운 곳을 좋아하는데…."

말끝을 흐리는 중개인의 소개로 전철에서 떨어진 걷기에 알맞은 지금의 자리에 자리를 잡았다.

아침에 잠에서 깨면 동쪽으로 창문이 있는 나의 서재에는 태양 빛이 떠오르는 환희를 받아 환하게 마음을 들뜨게 한다. 태양 빛이 이렇게 고와서 나의 서재의 모든 기물과 책들은 흠뻑 받아들인 햇빛을 받아먹기에 바쁘다.

마루에 놓인 포근한 소파에 파묻혀 창밖을 내다보면 확 트인 수리산 자락의 숲이 가슴을 적셔주고, 수리산 흘러내린 끝 부분에서 알맞은 높이의 능선이 눈높이만큼 마음의 평정을 찾아준다.

아침저녁으로 가끔 건너편 숲 속 나무에 찾아와 노래하는 까치들의 소리, 멀리서 가까이서 들리는 부엉이의 소리, 그리고 이름 모를 새들의 소리들이 열어 놓은 창문을 통하여 나의 방에 가득 채워 놓는다. 그뿐인가. 아파트 사이로 보이는 숲 속 절집이 그림이다.

새벽 산책을 좋아하는 우리 내외는 어둠이 지나가는 시간이면 수리산 문턱에 이른다. 8단지 삼림욕장 입구다. 벌써 산을 오르고 내리는 사람들이 눈에 뜨인다. 우리는 그곳에서 새벽 운동을 한다. 시 당국이 파견한 사범 따라 적당히 관절을 풀고 몸을 푸는 운동이다. 사범이 오지 않는 토, 일요일, 김여사의 구령소리는 새벽 수리산의 잠을 깨우는 활력이 된다.

벌써 이곳에 자리 잡은 지 여섯 해 좀 지나고 있다. 그동안 운동을 하는 우리 일행들은 이웃사촌이 되어 가까워졌다. 서로가 통성명은 하지 않았으나 눈치로 서로를 이해하고 안다. 우리 내외는 그들에 대하여 이름을 모르기 때문에 산을 오르고 내리면서 화제로 삼을 때는 우리의 가까운 친구와 닮았거나 모양으로 적당한 이름을 붙여 화제로 삼는다. '마산분' '동갑내기' '아, 시원해' '일본 아주머니' 등등 그 이름이 또한 재미있다. 당사자와 아무 관련 없는 이름들이라 그들이 만약에 듣는다면 얼마나 웃음이 나랴.

운동 이후의 산책 코스는 '산딸기 약수'에서 숲 속 성불사 쪽으로 올라 중간 산길에서 상연사 방향으로 가서 설악 쪽으로 내려오는 코스가 일반적이며, 수리봉 쪽 능선까지 간다든가, 대야미 쪽으로 가는 코스와 '산딸기 약수터'에서 바로 황토흙 밟기터로 가기도 한다. 운동 이후 적당하게 그날의 일정에 따라 산책하는 맛은 바로 수리산 맛이다. 수리산에 안긴 산본은 전원주택의 장점을 살리면서 현대문명의 혜택을 누릴 수 있는 자연적 조건이다. 수리산에서 흘러오는 기와 바람은 새벽부터 열리는 산본의 하루다.

숲과 마음의 소통

자연이 주는 숨결은 엄마의 마음이다. 그래서 사람들은 자연에서 태어나서 자연으로 돌아간다. 어느 사람이든 자연에 마음을 맡기면 포근한 안락의 숨결 속으로 파묻힌다.

나는 오래전부터 산을 좋아했고, 그 산의 숲을 사랑했다. 잠에서 깨어나면 숲을 언제나 마주 대하고 가슴으로 안고 살 수 있는 수리산 자락으로 삶을 옮겼다. 새벽 숨 막히는 아파트를 벗어나 하늘을 가린 수리산 길목의 가로수 터널을 지나 산 초입의 울창한 숲 속에 잠기면 나는 어느 사이 또 하나의 숲이 된다.

나를 맞이하고 끌어들이는 나무, 나무들… 리기다소나무, 상수리나무, 때죽나무 등 활엽수와 침엽수림들은 큰 몸짓을 아래위로 좌우로 흔들면서 아침 인사를 나누고, 새벽 산책 나온 산비둘기와 산까치, 이름 모를 새들의 노랫소리를 멀리, 가까이에서 들으면서 들릴 듯 말 듯 휘파람으로 그들에게 답장을 보낸다.

이렇게 산 속 숲을 찾아다닌 지 한 평생, 나의 작품에는 산과 꽃과 숲과 친교를 맺은 시, 수필들이 많은 편이다. 산은 나요

나는 산이라는 시선이 된 마음의 작품도 있다.

산을 오르다 보면
마음을 떠나보내는 방법을 익힌다
돌부리를 밟고
스쳐 지나는 나뭇잎 사이에
일렁이는 바람의 움직임을 보고는
마음이 머문 자리가
여기인 것을 알게 된다.

「산을 오르다 보면」의 첫 연에서 제법 선자가 된 양, 마음을 산에 맡겨 버린 나의 흔적을 찾아나서는 생명의 존엄 앞에 숙연해진다. 그래서 그 산의 한없는 동경과 흠모의 마음을 놓칠 수가 없다. 그것은 숲이 있기 때문이다.

최근엔 이 숲에 대한 나 자신의 심상을 읊은 시가 많다. 작품 「숲과의 만남」 서두에서,

마음 아픈 사람들아
떠돌지 말고 찾아가자 숲으로

숲 속 긴 오솔길에는
다람쥐 넘나드는 울창한 나무들이 있고
하늘 덮은 큰 잎 사이로
햇빛 실오라기 치렁치렁 넘치는
따뜻한 손길이 멈추는 곳

그곳 숲으로 가자.

나의 일상의 심정이다. 숲에서 만나는 모든 생명체는 나의 친구이며, 나의 사랑을 포옹할 수 있는 대상이며, 나의 기나긴 미래의 가족이다. 나를 찾아나서는 소통의 통로다.

천리포수목원에서 특히 나에게 감동적인 친구는 목련의 존재다. 그렇게 수많은 목련의 종족이 있으라고 생각도 못했다. 백목련, 사목련 정도에 머물렀던 나에게 가까워진 수많은 목련들, 그에게 바친 헌시.

하늘 하얀빛 모여 빚어진 응결
맺은 봉오리
벌리는 순간순간
떠도는 고운 목소리 담아 이룬 화음
순백의 공간으로 손짓하는 화사한 얼굴
살며시 벌어지는 입술
수줍은 미소로 다소곳이 잎으로 얼굴을 가린다.

– 「백목련」에서

꽃의 일상을 쓴 작품에서 대체로 나와 꽃이 하나가 되어 그 꽃의 모습에 매료되어 있음을 볼 수 있다.

우리말 신조어

오늘날 자고나면 변하는 시대적인 현상 앞에 우리 문학인들이 한 번쯤 생각해 보아야할 문제가 사회적으로 범람하는 비속어(卑俗語)와 신조어(新造語)라 할 것이다. 우리의 문학작품은 우리나라의 고유의 언어 한글에 의해 표현되고 전달되는 특성이 있기 때문이다. 우리가 일상으로 표현하는 공인된 언어에서 이탈하여 새로운 현상의 언어가 자유자재로 응용된다면 모든 국민에게 언어 소통의 장애를 가져온다는 것은 자명한 일이다.

우리 사회의 특정한 계층에서 사용되는 신조어가 언론 매체나 방송매체에서 앞서거니 뒤서거니 하면서 경쟁이라도 하듯 더욱 일상화되고 있다. 흔히들 신조어라든가 통신언어, 인터넷 언어는 물론, 본래의 뜻을 파기하고 그 의미를 회화적으로 사용하는 예를 일상생활에서도 많이 볼 수 있는 상황이 되었다. 이러한 문제를 찾아 우리 문학인들은 어떻게 대처해야 할 것인지를 생각해 보아야 할 것이다.

첫째, 텔레비전을 보다가 놀라울 때가 많다. 특히 공용방송

매체가 오히려 앞서고 있는 느낌이다. 어떤 요리시간에 요리 강사가 음식을 만드는 식재료를 앞에 놓고 그 식재료를 지적하는 명칭이다. 그곳에는 배추, 버섯, 양배추, 파, 생선 등 많은 재료를 놓아두고 요리하는 과정을 설명하면서 "얘를 넣고, 얘도 넣고. 또 얘도 넣어요. 그리고 얘는 나중에 넣으면 되요." 하면서 그 재료를 냄비에 넣는 장면을 보여주는 것이다. "이 배추를 넣고… 이 버섯을 넣고… 양배추를 넣고…."라고 재료의 명칭을 불러야 할 것인데 모든 지칭이 '얘'로 불린다. 그러면 보조로 있는 출연자가 옆에 있는 다른 재료를 만지면서 "얘는 어떻게 해요?"라는 질문까지 하면서 한몫 거든다.

이런 '얘'라는 지칭은 이런 요리 시간만이 아니다. 다른 프로그램에서도 물건이나 동물이나 식물이나 또 어떤 공간의 매체를 지칭할 때 '얘'라는 언어를 함부로 사용하고 있다는 말이다. 그러면서 사회자가 이를 시정하려는 기색도 없다. 사전에서는 '얘'의 뜻을 '아이, 어린 사람'으로 뜻을 매김하고 있다. 이러다 보니 어느 사이 많은 사람들에게 이러한 언어가 일반화되고 유행이 되고 있는 현상이다. 식당이나 옷가게, 구멍가게에서까지 일반화되고 심지어는 일반 가정에서 가족 간에도 어떤 물건 가릴 것 없이 '얘'로 지칭되는 현상이다. 여러분은 어떻게 생각하십니까.

둘째, 청소년층이나 중년층까지 확대되고 있는 인터넷 언어와 통신언어에서는 오랜 세월 동안 이러한 형상은 일반화되어 버렸다. 이들은 우리가 일상으로 공용되는 언어를 해체하여 그 언어를 탈락과 축약, 생략과 첨가, 등의 언어를 그들만이 일상으로 사용하는 공용어가 되다시피 유행을 거듭하고 있다.

그들이 사용하는 몇 가지 언어를 보면 '샘→선생님' '본좌→본인의 높인 말' '얼빵→못 생긴 사람' '주장미→주요 장면 미리 보기' '직찍→디지털 카메라로 찍어 인터넷에 게재하는 사진' '글구→그리고' '엄빠→엄마와 아빠 통합 지칭' 등등 그 수를 헤아리기 어려울 정도로 많다. 이러한 언어가 일상의 생활에 까지 통용어로 둔갑을 하고 있다.

이러한 통신언어는 글을 타자하는 타수를 줄여서 빠르고 편리하게 글자를 적으려는 의도가 깔려 있다고 한다. 모든 문명 문화의 급속한 형상의 변화에 따라 물들어가는 상황이라는 것이다. 그들은 일상 언어에서 형태를 파괴함으로 새로운 쾌감을 느끼려는 세대적인 공감의 한 형태이며, 친숙함을 의미하고 분위기를 재미의 범주로 몰아가려는 그들만의 독특한 심리적 동기에서라고 한다.

여기서 한 가지 더 당혹하게 하는 것은 이러한 통신언어를 공용기관의 홍보용이나 상업적 홍보물에도 사용되고 있다는데 있다. 한때 어느 홍보 광고에 '축하'를 '추카'라는 언어를 부끄럼 없이 사용하는 실례를 볼 수 있다. 물론 홍보가치로서 청소년을 염두에 둔 것이기 때문에 효과를 나타낼 수 있을지 모르겠으나 우리 국어를 오염시키는데 한몫 했다는 부끄러움을 알까. 특히 광고 매체에서는 이러한 조립하는 언어 표현은 말할 수 없이 많다. 한글과 영어, 그리고 한자어까지 음운 표현을 조작하여 사용하는 것이다.

셋째, 언론 매체에서 신문 기사의 제목이나 소제목 등에서 사용하는 단어의 축약 형상이다. 정부 산하 기관에서 사용하는 축약은 나름대로 의미는 있다. '대통령직인수위원회'를 '인수위' '방송통신위원회'를 '방통위' 등 줄임말로 표현하여 보도용으로 사용하기도 한다. 그러나 얼마 전 신문에서 '돌아온 싱글'을 '돌싱'으로, 어떤 제목에서는 '웃으면서 슬픈'이라는 언어를 '웃픈'으로 쓴 후 그 아래에 작은 글씨로 원뜻을 기술하고 있음을 보여준다. 이러한 사례는 많은 예를 들 수 있다. '시金치' '金문어' 등의 한자와 겸용하여 그 물가가 올랐음을 암시하는 비유는 그래도 미소를 자아내게 한다.

특히 가족과 가장 많이 공유하는 각종 텔레비전이나 방송 매체의 언어 남용과 신조어의 범람은 이미 그 도를 넘고 있다. 언어의 회화와 풍자라는 명분으로 각종 신조어의 재조 공장이 되어 버렸다. 웃고 넘길 일인가 생각해 보아야 할 사회적인 문제점이라 할 것이다.

최근에는 직장인들 사이에 통용되는 신조어에서 '월급 루팡→하는 일 없이 월급만 축내는 사람' '코피스 족→커피 전문점에서 핸드폰이나 노트북으로 업무를 보고 있는 사람'을 이르는 신조어도 유행되고 있는 실정이다.

이러한 신조어나 통신언어 등의 언어가 일시적인 유행으로 끝나는 수도 있지만 그것이 오히려 우리의 고유 언어의 뜻을 상실하고 혼란을 야기하는 사회가 오고 있다는 점이 우려를 하지 않을 수 없다는데 문제점이 있다.

어느 사회나 그 사회의 발전과 시대의 변화에 따라 많은 언어의 변화를 가져오기 마련이다. 우리 사회와 정부는 이러한 문제의 일탈을 막기 위하여 신조어나 통신언어에 대한 적절한 교육과 방법을 모색하지 않으면 문제는 심각한 양상을 초래하리라고 본다. 그렇지 않아도 우리 사회에는 약칭언어, 외래어의 남용, 사회 요소의 간판이나 건물의 명칭, 심지어는 지명까지 외국명칭을 남용하면서 이미 한계를 넘어서고 있다. 청소년층에도 교육과 계몽을 통하여 그러한 언어 사용의 한계와 방법을 어느 선을 유지할 수 있도록 선도적 위치에 있어야 하리라고 본다.

국립국어원에서도 신조어 조사 사업 등 우리말 다듬기에 대한 많은 검토와 연구를 하고 있다고 한다. 우리 문학인들도 이러한 문제에 어떻게 대처해야 할 것인지를 고민하면서 우리 글 '한글'을 자랑스럽게 생각하는 마음으로 문학 작품 창작에 임해야 할 것이다.

줄임말 보기

개·망·신·법(개인정보 규제3법): 국회에 계류된 개인정보 관련법은 세 가지다. 개인정보 보호법·정보통신망법·신용정보법, '빅데이터 관련 3법'이라고 불리지만, 일각에선 세 법의 명칭에서 한 글자씩을 따 '개·망·신·법'이라고 부른다.

불문가지(不文可知): 문 대통령만 모른다.(불문가지: 소주성 족보까지 따지는가)

상저하고: 상반기 부진 하반기 반등(올해 경제의 성장률 흐름은 '상저하고'로 전망 된다. 상반기 '부진', 하반기 '반등' 모양새다)

소주성: 소득주도성장(문 대통령이 '족보' 있다는 소주성- '검증 안 된 이론모형')

듣보잡: 듣도 보도 못한 잡것

내로남불: 내가 하면 로맨스 남이 하면 불륜(추경 내로남불집권 2년도 안돼 3번째)

양간지풍(襄杆之風): 양양 · 간성의 봄철 강풍(양간지풍은 한반도 남쪽에 고기압, 북쪽에 저기압 위치하는 봄철에 발생한다.)

낄끼빠빠: 낄때 끼고 빠질때 빠진다('낄끼빠빠' 모르는 정치)

출사인볼트: 출근길의 출사인볼트(9호선 배차 간격 더 늘어 '뒤에 서면 못탄다' 환승통로의 '출사인볼트'들)

가심비: 가격대비 심리적 만족도(가성비(가격대비성능) 소비자와 전문가 집단이 국내외를 망라한 가심비, 높은 부문별 브랜드를 중심으로 지난 2월부터 한 달 여 간의 심사를 거쳐 꼼꼼히 살펴봤다)

피미족: 미세먼지를 강릉에서 피서? 이젠 피미!(벚꽃 보러 청정지역 강릉 동해안 찾는 피미족, 특히 미세 먼지로부터 해방될 수 있는 깨끗한 자연환경을 내세워 피서족뿐만 아니라 피미족(미세먼지를 피해 다니는 사람들)이 찾아가는 도시로 거듭나고 있다.)

MeToo(미투): 나도 당했다

이선좌: 이미 선택된 좌석(조용필 콘서트 기사)

지공거사: 지하철 공짜 타는 노인

노슬아치: 노인+벼슬아치

어부전: 어차피 부산 때문에 전북은 안된다(與'총선격전지 지원하자' 전북 '어부전')

취가: 대신 장가(아빠, 꼭 남자가 돈 벌어야 돼? 난 그냥 '취가' 할래)

진인폰: 진심, 인사, 휴대폰(車 6000대 팔아치운 판매왕 가슴엔 '진인폰 대천명')

부울경: 부산, 울산, 경남(부·울·경 검증단 '김해신공항은 부적절' 총리실 '조정안 마련')

웃픈: 웃기면서 슬픈(호텔 베개 훔쳐 상납 새벽에 떡 동냥 한국식 의전의 웃픈 현실)

고진감래: 고생해서 공무원이 규제 풀면 감사를 받는다.(고진감래는 '고생 낙이 온다' 사자성어를 '공무원들이(규제를 풀기 위해) 고생을 하면 결국(감사원) 감사를 받게 된다는 자조를 담은 말로 바꾼 것이다. (조선19.5/3자) 고진감래 벗어나야 핀테크 강국 될 수 있다'(3면 제목 고진감래 아래 작은 글씨 위의 글을 넣고 있다)

민민규제: 금융 당국의 눈치를 보면서새로운 시도를 주저하는 민간 금융권의 보수적인 분위기도 스타트업에 또 다른 규제라는 뜻이다.

3층 연금: 국민, 퇴직, 개인연금.(제목 '30대부터 노후준비 는 필수 - 3층 연금에 꼭 가입하세요')

'과수' '국수': 젊은 공무원들, 뒷날 정책책임 추궁에 대비. 보고서에 '과수' '국수' 지시자 명기해 보관.(조선 2019. 5. 13. 3면기사 제목 - 「경제부처의 젊은 공무원들 사이에선 정책 보고서를 만들 때 '과수(과장수정)', '국수(국장수정)' 등 누구 지시로 수정했는지 명확하게 표기한 파일을 만들어 둔다고 한다」)

meoktwi 먹튀: 먹고 튄다는 것의 줄임말('우린 meoktwi 아니다' 론스타 희생양 전략, 이번엔 통할까)

카툭튀: 카메라가 툭 튀어나온 부분('카툭튀' 없이 5배 확대되는 폰 카메라)

힙지로: 힙(hip)한 을지로(사라지기 전에 - 우리는 '원조 힙지로'에 간다.

노포를 헐고 지상 20층 규모 주상 복합 건물이 들어설 예정, '원조 힙지로 맛집'들을 만날 수 있는 날이 얼마 남지 않았다는 뜻이기도 해서 가게들 앞엔 줄이 꼬리를 물고 이어진다.

카공족: 카페에서 공부하는 사람들("어, 자리에 콘센트가 없네" '카공족'으로 뜬 스타벅스, 마음 변했나?)

학원셔틀: 학원과 집 오가는 승합차(학원셔틀 공유, 초등생은 되고 중학생은 불법 '규제가 기가막혀')

공시생: 공무원 시험준비생(공시생 느는데 '공시 메카' 노량진의 찬바람)

조손육아, 황혼육아: 조부모와 손주를 아울러 이르는 말.(할머니, 할아버지의 손주육아는 이제 낯설지 않은 현상이 됐다)

중위임금: 중간에 해당하는 임금(중위임금 대비 최저임금, OECD국 중 최고 수준)

줍줍족: 미계약분을 주워 담는다는 뜻(올해 첫 강남구 신축 분양 미계약분 추첨에 '줍줍족' 2,000명이 몰리면서 경쟁률 100대 1을 넘겼다)

출포남: 출세 포기한 남자.(김정숙 '한국남자, 육아휴직 쓰면 출포남 소리 들을 수준')

대·대·광: 대전, 대구, 광주(대·대·광 '우린 침체 몰라요')

마리한화?: 재미있고 중독성 있는 야구(시즌 내내 '끊을 수없이 재미있고 중독성 있는 야구를 한다'고 해서 '마리한화'란 별칭으로 불렸다.)

회바회바: 회의 문화가 바뀌면 회사가 바뀝니다.('내 시간도, 남의 시간도 귀중' 회바회바 프로젝트 실시. 회바회바는 '회의 문화가 바뀌면 회사가 바뀝니다'의 줄임말로 합리적인 회의 문화 정착 차원에서 마련됐다.)

줍줍: 줍고 또 줍는다는 뜻(이젠, 집 있으면 '줍줍' 불가능. 인기 지역의 미계약 아파트를 현금부자들이 주워 담는 이른바 '줍줍'에 이르면 다음 달부터 사라질 전망이다.)

떼창: 떼를 지어 노래를 부른다는 의미.

가투비: 가격 대비 투자가치('부동산, 가성비 아닌 가투비를 따지세요' 고원장은 '수퍼 부동산은 선장 지역에 위치해 이른바 가투비가 높은 부동산'이라며….)

여변: 여성 변호사(변호사란 사람들이 '30대 미혼 여변은 상장폐지')

갑분싸: 갑자기 분위기가 싸해진다.('나이 많은 여변들 소개팅 할래' 라고 하면 '갑분사' 된다)

학익진: 학이 날개를 펼친 뜻한 진범. 광화문광장 천막전쟁이 만든 '학익진 식물원' 이순신 장군 뒤로 화분이 늘어선 모양새가 되면서 시 관계자들 사이에선 '장군이 한산도대첩 때 펼쳤던 학익진 전법을 보는 것 같다'는 얘기도 나온다.

사자형: 아침엔 힘 넘치지만 오후엔 체력 뚝

곰형: 해 뜨면 일어나고 해 지면 자는 형(피부도 몸도 건강해지려면 '사자형' 말고 '곰형' 인간으로 살아라.)

치전원: 치의학전문대학원('교수 엄마'가 만들어준 스펙으로 치전원 간 딸 서울대 '입학취소 처분')

주담대: 주택담보대출(주담대 고정금리보다 높아 새 코픽스 효과 온통 물음표)

갑툭튀: 갑자기 툭 튀어나옴(정권 실세의 '갑툭튀'정책. 국민 주거생활에 막대한 영향을 미치는 정책이 국토부와 한마디 협의도 없이 사법개혁당정협의회에서 '갑툭튀' 한 것에 대해 부동산 업계에는 당황스럽다는 반응이다.)

월급 루팡: 하는 일 없이 월급만 축내는 사람.

코피스족: 커피 전문점에서 핸드폰이나 노트북으로 업무를 보고 있는 사람.

샘: 선생님

본좌: 본인의 높인 말

얼빵: 못 생긴 사람

주장미: 주요 장면 미리 보기

직찍: 디지털 카메라로 찍어 인터넷에 게재하는 사진

글구: 그리고

엄빠: 엄마와 아빠 통합 지칭

노슬아치: 노인+벼슬아치

월드컵과 한국문학

천지를 뒤흔들고 가슴마다에 혼을 불어넣는 목쉰 소리가 너와 나를 뭉클하게 적셔주는 '대~한민국'의 절규가 얼마나 소중한가를 깨우쳐준 6월은 갔다.

"나는 대한민국이 자랑스러워요." "대한민국 국민이라는 사실이 기뻐요."라는 말들이 쏟아져 나오는 6월, 분명히 이것은 우리 한민족사의 새로움이다. 그라운드를 종횡무진 뛰면서 대한민국을 새긴 태극전사들의 투지와 우리 강토를 빨갛게 물들인 붉은 악마와 전 국민의 응원은 오직 하나, '대한민국'뿐이었다. 그렇다. 모두가 자랑스러운 대한민국뿐이었다.

우리는 얼마 전까지만 하더라도 교육의 지옥, 한국을 떠나고 싶다고 이민 행렬에 끼이지 못하는 것을 안타까워하는 기사를 보아야 했고, 젊은 세대에 대한 부도덕함과 나태와 무질서를 탓하는 이야기를 많이 들어왔지 않는가. 우리는 한 많은 민족이라면서 자포자기에 가까운 현실인식을 너무 많이 스스럼없이 하고 있지 않았나. 그렇게 우리 민족은 마음을 열 기회를 갖지 못했고 일제에 대한 투쟁, 민주주의에 대한 갈망과 응어리진 가슴을 펴지 못한 상태에서 저항적 자세에 익숙해 있었다. 사실 우리에게 6월은 뼈아프고 잔인한 달로 인식되어왔다. 그것은 6·25라는 엄청난 전쟁을 기억하기 때문이다.

오늘 우리는 2002년 6월이라는 숙연한 공간을 대한민국 민족사에 새로운 장을 여는 계기를 만들어 가고 있다. 월드컵이라는 거대한 드라마는 대한민국은 '하나'라는 정신적 형성과 '된다'라는 가능성을 가슴에 담아 주었다. 그보다 더 큰 소득은 젊은 세대에 대한 믿음과 신뢰감을 얻게 됨과 동시 구세대가 지닌 사고에 대한 반성의 계기를 만들고 있다는 사실이다.

그것은 젊은이의 함성에서 대한민국이라는 국가관에 대한 달라진 인식이다. 나와 대한민국은 하나라는 생각을 확인했다는 점이다. 그들은 한 달 동안 마음으로 외친 대한민국이라는 존재에 대한 재인식에서 나의 나라에 대한 자긍심과 긍지를 얻게 되었다. 이러한 체험은 어디에서도 살 수 없는 일이다. 그들은 눈물을 보여주었고 목이 쉬었고 가슴을 쥐어짜면서 절규했다.

우리는 월드컵 이전에 공동 개최국인 일본과의 비교 분석에서 무언가 우리가 뒤떨어진다는 막연한 생각들이 지배적이었다. 그러나 이번 월드컵 제전에서 이들 젊은이들의 행동은 질서와 공동체의식이 무엇인가를 세계에 보여줌으로 이를 불식시켰다. 모이는 곳마다 수십만에서 수백만이 모인 거리 응원과 그라운드에서의 붉은 악마의 함성과 리듬은 세계에 던지는 규범적인 메시지였다. 축구실력의 우위는 물론 문화적 긍지를 공유하게 되었음은 물론 민족의 긍지를 국가 비용들이지 않고 세계에 알렸다.

그리고 우리 대한민국의 원대한 앞날에 대한 무한한 가능성을 보았다는 점이 더욱 중요하다. 다음을 이어 받을 젊은 세대의 믿음직스러운 희망과 행동, 포부와 정신, 단합과 절제를 보여주었다. 이데올로기의 올가미에 얽혀 있는 슬픔의 땅에서 찬란한 6월의 정신을 피웠다. 그들은 스포츠의 참 뜻을 일깨워 주었고 폭발적이고 감당키 어려운 감격의 순간에도 질서의 뜻을 알려 주었다.

이번 월드컵의 교훈은 엄청난 폭발력을 인식했고, 그 폭발력이 '붉은 악마'의 잠재된 응집력을 뽑아 올리는 철저한 호소가 전 국가적인 전 국민적인 즐거운 한을 뿜어내고 말았다. 이들의 함성을 주도적으로 리드해 가고 기획한 인물이 다름 아닌 우리의 젊은 세대라는 점이다. 우리가 만약 신세대 구세대라는 구분으로 본다면 분명히 구세대들은 적어도 월드컵 이전에는 신세대를 일러서 철없고, 방자하고, 나약한 도덕불감증적인 근시안으로 보아온 점은 확실하다.

구세대가 갖고 있는 국가관이나 민족적 긍지에 대한 절대적인 신임은 지나친 민족주의적 발상이라는 논의의 대상이 되기도 했지만 그러나 그들의 세대가 이루어 놓은 60년대 이후의 국가경제 궁핍에서 풀려나게 한 공로는 인정받아 마땅하다. 너무나 어려운 시대를 살아온 세대가 배고픔을 체험하고 오늘을 존재하게 한 구세대라는 것을 알아야 한다.

오늘의 신세대는 이러한 구세대가 이룩한 오늘의 국가와 민족적 긍지에 대한 성찰이 필요하다. 그들이 아니라도 국가적 위상이 오르는 것이라는 발상, 구세대가 무엇을 했느냐는 식의 발상, 다만 만사에 수구적 형태로 생각한다는 발상은 위험하다.

우리는 이처럼 성장한 대한민국이라는 국가적 성취감을 맛 본 적은 건국 이래 보지 못했다. 4·19가 있었지만 그것은 정치적인 관점이었다. 정치 아닌 문화 체육의 영역에서 이러한 성취욕구의 충족은 이번이 처음이다. 지난날 올림픽이 우리나라에서 열렸을 때도 이러하지는 않았다.

그렇다면 '우리 문학의 함성은 기대할 수 없는가?'라는 문제로 돌려볼 수 있다. 그것은 문학과 체육의 이질성에서 문학은 정적 정감의 소산이고, 체육은 동적 행위의 소산이기 때문에 사고 영역의 잠재와 감동의 체득효과가 다를 수밖에 없다. 다만 문학이 지닌 본질에 접근한다면 문학의 함성도 기대할 수 있다는 점이다. 우리나라가 어려웠던 일제 식민지 시대 국민에게 용기와 희망을 주었던 과제가 문학이었다는 점도 알아야 한다. 민족이 설망에 빠져 있을 때 심훈의 『상록수』라는 소설을 읽은 많은 젊은이들이 감동과 용기를 얻었다. 만해의 시에서 민족의 자긍심을 찾았고 이상화의 시, 이육사의 시, 윤동주의 시에서 혈기를 찾았다. 문학은 어려울 때 마음의 안정과 방법을 얻게 된다. 이것이 문학이 지닌 본질이다.

인간은 자기가 예속된 국가나 민족적 감성에 의해 존재한다. 나라마다 문학의 본질적 요소가 그 나라가 이어온 전통의 요소와 방법이 적용된다. 인간 본성은 변화를 하지 않는다고 하더라도 본질에 대한 도전은 긴 시간 동안 이어질 것은 명확하다. 문학의 본질은 인간 삶의 형태였고 인간을 바탕으로 하여왔다는 것은 오랜 관습의 하나였다. 기준의 잣대를 인간의 본질에 두었다는 것은 인간이 문명의 기본이기 때문이다. 문화의 발달도 이에 근거하여 발전되었고 진보하여 왔다. 문화 예술의 핵심적인 근원도 이러한 본질에 근거한다는 것은 인간속성에 대한 강한 갈망에서 비롯되는 것이다.

인류문화의 발달은 인간의 생존의 진화와 결부되고 있음도 이에 근거한다. 인류문화란 인간 삶의 기본 골격 위에서 만들어지고 파괴되고 있음은 인간의 필요 요건에 따라 생성되고 소멸되는 과정을 거치게 된다. 인간은 그 필요에 따라 문명을 창조해 내고 창조된 문명은 인간의 삶을 윤택하게 하여 줌으로 문명의 발전을 만들어 내고 있다. 이러한 문화는 민족적 특성을 갖는다. 월드컵에서 보여준 붉은 악마의 함성은 우리 민족 고유의 방법과 접목한 행사였고 함성이었다.

인류의 문명사는 오랜 역사가 거듭하는 동안 문명의 전성기를 누렸는가 하면 문명의 쇠퇴기를 맞이하여 찬란한 문명의 흔적을 상실하는 비운을 맞는 경우가 허다하였다. 문명은 그래서 역사의 수레바퀴 같아서 돌고 도는 반복의 역사인지 모른다.

우리의 사회는 양식이나 틀의 문화에서 벗어나기를 갈망하게 될 것이다. 특히 기존의 양식은 거부될 것이고 기존의 틀에서 벗어나기를 바랄 것이다. 개인의 표현과 개인의 창작적 욕구가 강하게 발동하여 기존 답습의 행위를 벗어나려는 문화 및 예술의 양식은 이미 천년의 말기에 많은 시도가 보여 왔다. 문학의 표현은 물론 미술이나 공연예술의 표현에 이르기까지 새로움의 시도는 시작되었다. 백남준의 비디오 아트는 대표적 예술의 양식의 변화가 아닌가. 최근에 문학의 표현 양식도 컴퓨터를 활용한 판타지 소설의 전달 방법과 기술방법 그리고 작품의 내용 전달 등 방법의 변화를 예고했다. 앞으로 디지털 매체를 통한 문학의 존재는 아무도 예측하기 어렵다. 그러나 어느 나라 문학 작품이든 그 나라 문학의 민족적 전통성과 정신을 살려나가는 특색이 있다.

이러한 창작과 전달의 양식의 변화는 문화 예술이 지닌 기존의 본질을 외면하지는 않을 것이다. 문학예술은 궁극으로는 인간을 외면하는 행위가 될 수 없기 때문이다. 모든 예술은 인간과 함께 존재하고 인간을 상대하는 행위이기 때문에 최초의 본질에서 벗어날 수 없을 것이다. 다만 어느 정도 문학이 민족 전통을 동반하는 과정을 새롭게 구축할 때 문학의 함성도 울려 퍼질 것이다.

책 읽는 도시의 모색

어느 도시나 그 도시의 문명 문화의 질적 향상이 우수하다고 느끼는 것은 도서관을 찾아 책장에 수장(收藏)되어 있는 책을 보면 알 수 있다. 여러 분야의 책들이 각각 분류되어 도서관을 찾는 이에 따라서 각 분야의 서고 앞에서 책을 펼쳐 본다. 이것은 어디까지나 책이 필요한 사람에 따라서 자신이 도서관을 찾아가서 필요한 책을 검색하여 대출하는 것이다.

최근 우리 사회는 새로운 변화를 모색하고 있음을 볼 수 있다. 각 지방의 행정 단위에서 시민들을 찾아가서 책을 빌려주는 새로운 도시 사업을 모색하고 있음은 책과 시민과의 벽을 허물어 버리는 행정으로서 많은 호응을 얻고 있음을 본다. 이름 하여 '책 읽는 도시' 혹은 '책 읽는 ○○(도시 이름)'라는 친근감을 나타내는 시정임을 알 수 있다.

'책 읽는 도시' 시정 사업을 실시하고 있는 도시는 군포, 의정부, 순천, 인천, 울진, 구미, 함안 등 수많은 도시에서 책과 시민간의 유대를 돈독히 하기 위한 여러 정책을 개발하여 실시하고 있다. 그러한 정책의 하나로 독서 토론회, 저자와의 만남, 정류장 책방, 책 읽는 버스 등등의 교류를 하는가 하면 그 지역의 공원이나 버스 정류장 등에 서고를 마련하여 언제든지 책을 빌려볼 수 있는 시스템을 운영하고 있다. 이에 시민과의 직접적인 소통을 위해 독서대전이라 하여 전국의 출판사와 교류하여 어느 일정 기간 동안 전시 행사를 하여 시민들에게 출판되어 나온 책을 알리는 역할을 한다.

이러한 행사는 책과 시민, 혹은 독자들의 접근을 가장 합리적으로 가까이 할 수 있는 방법을 모색하여 행사의 명칭부터 각양각색이다. '시가 있는 카페' '책 사랑 운동' '밥상머리 북카페' '한 도시 한 책 읽기 운동' '작은 도서관' '독서 사랑방' '북 페스티발' '도서 나눔전' 등의 명칭으로 책을 사랑하는 시민이나 독자 스스로 모여서 책과 가까워지려는 것이다.

내가 살고 있는 군포에서는 오래전부터 '책 나라 군포'라는 명칭으로 도시 행정을 책 읽는 행정으로 열성을 보이고 있다. 매월 유명 인사를 초청하여 강연을 듣고, 해마다 군포의 책이라 하여 그 해에 활동하는 문학인의 책을 선정하여 보급하는 일을 오랜 기간 실시하고 있다.

한국문인협회에서는 매월 '시가 있는 카페'를 혜화동 함춘회관 가천홀에서 서울특별시의 후원으로 실시하고 있으며 '책 사랑 운동 작품낭독회'는 교보문고 광화문 배움홀에서 서울특별시와 대산문화재단, 교보문고 후원으로 실시하고 있다. 이러한 행사는 독자와 문학인과의 만남을 통해 직접 대화하고 토론하는 시간을 가짐으로 책과 독자인 시민과의 소통의 장소가 되고 있다.

남산골에 자리한 '자연을 사랑하는 문학의 집·서울'에서는 문학인과의 교류의 장소이며 시민과 문학인들에게는 문학 사랑방 구실을 하는 장소이기도 하다. 많은 행사 가운데 특히 작고 문인에 대한 조명행사로 매월 '음악이 있는 문학마당 그립습니다'에서 셋째 주 금요일에 한 분의 작고 문인에 대한 작품세계를 조명하고 그 문인의 작품 낭독, 동료문인과 가족의 회고담을 듣는 행사를 실시하고, 넷째 주 수요일에는 '수요문학광장- 이 작가를 말한다'라는 행사에서 현역 문학인을 초청하여 자신의 문학세계와 작품에 대한 이야기를 대담 형식으로 풀어 나가는 행사를 하고 있다. 이외에도 시낭송경연대회, 문인극, 찾아가는 숲 등 많은 행사를 함으로 독자와 문학인들의 남산골 사랑방 구실을 하고 있다.

오늘날 우리가 살아가는 세상은 복잡하고 다양한 형태의 물질들이 인간과의 보이지 않는 대치 형상을 느낄 수 있다. 특히 스마트폰의 보급으로 인해 가장 피해를 보는 쪽이 책을 읽지 않는다는 것이다. 책을 파는 서점들은 하루가 다르게 문을 닫고 있다. 거리에서나 휴식처에서 혹은 전철에서 요즘은 책을 보는 사람들이 전무하다해도 과언이 아니다. 대부분이 스마트 폰을 손에 들고 열심히 보고 있다는 것이다. 새로운 도시 문화 공간의 형상이며 풍경이라고 하겠다. 이러한 형상의 반대급부로 새로운 책사랑 운동이 시민운동을 통하여 책과의 친교를 맺음으로 책을 사랑하는 마음을 갖자는 것이다.

금년도 세계 문학의 화제인 노벨문학상이 발표되었다. 어느 언론에서는 1면 톱기사로 '가수에게… 노벨문학상의 파격'이라고 보도하고 있다. 미국 포크 가수 밥 딜런(Bob Dylan)이 2016년 노벨문학상 수상자로 선정되었다는 보도다. 밥 딜런은 60년대 인권과 평화운동의 상징으로 알려진 가수 겸 음유시인으로 많이 알려져 있다. 그리고 밥 딜런은 작사와 작곡, 노래까지 도맡아 활동하는 가수 겸 시인이기도 하다. 스웨덴 한림원에서 선정 이유를 '밥 딜런이 위대한 미국의 노래 전통 속에서 새로운 시적 표현을 창조해 왔다.'고 하였으며, 한림원 사무총장은 '귀를 위한 시'를 보여 주었고 '5000년 전을 되돌아보면 고대 그리스 시인 호머와 사포가 있었다. 그들은 노래로 불릴 것을 의도하고 시적인 텍스트를 썼는데, 밥 딜런도 똑같은 길을 걸었다. 우리는 여전히 호머와 사포를 읽으며 즐기고 있다.'라고 말하고 있다. 그의 저서는 『바람만이 아는 대답』이 있다.

금년도 노벨문학상이 이렇게 음유시인을 선정함으로 가수의 노랫말이 시로서 가치를 나타내고 있다는 것은 결국 창작된 시작품이 노랫말로 시적 향유를 지녔다는 점은 또한 새로운 문학적인 변화인지도 모른다.

(2016. 12. 한국문인)

한 해의 오류와 실망

우주가 돌고 도는 원리는 모든 생물이 죽고 사는 원리와 같다고나 할까. 지난 것이 있으면 또 새로운 것이 생겨나고, 그 새로운 것이 생겨나면 지난 것은 멀리 더 멀리 사라져 버리는 까마득한 옛것이 되고 마는 우주의 원리를 대할 때, 한 해라는 순간은 무엇일까?

최근 우리 문단은 몇 가지에 들떠 있는 상황에 제각각 어릿광대마냥 놀아나고 있는 몰골이다. '현대시 100주년'이라고 떠들면서 무엇 하나 우리에게 보여준 것이 없다. 문학하는 단체가 그렇게도 많다는 것은 그렇다고 해도 어느 단체 하나 제대로 이를 역사적으로 조명하고 학술적으로 검토하는 단체라고는 찾아 볼 수 없다. 그뿐인가 적어도 100년이라는 세월이 있었다면 수천 명에 이르는 문학 인구들이 제각각 놀아나고 있으며, 정부도 그렇다. 한 나라의 문학이 100년의 역사를 이루어냈다면 문화부라는 것이 무엇 하려고 있는가. 하다못해 정부 차원에서라도 이를 대대적으로 되짚어 보는 행사가 이루어져야 한다.

자칭 타칭 역사가 있다고 하는 어느 신문에서는 현대시 100년에 현역 100인의 시인에게 추천을 얻어 그들만의 100편의 시를 건져냈다고 몇 달 동안 연재를 하여 독자를 무능으로 끌어들였으며, 얼얼하게 바보로 만든 잔치를 했다. 현역 100인의 추천 시인들의 명단을 보면 몇몇은 도대체 그들이 어떻게 100년의 시를 볼 수 있는 사람인가. 그리고 건져낸 100편의 선정된 시들은 이게 또 뭔가. 적어도 40여 편 이상은 100편 속에 들어서도 안 되고 들지 못하는 시들이다. 그리고 우리 시문학사에 공헌하고 독자에 회자되는 작품을 선정하지 않은 이유는 뭔가. 그래 이런 일을 자칭 타칭 역사적인 신문사가 그 정도밖에 못하는가. 하려면 제대로 검증해야 된다는 역사적인 사실을 모르는가. 몇 몇 출판사가 장사 속으로 100편 선정하는 행위와는 다르다. 신문은 사실적인 증명이라는 책임과 공신력이라는 책임이 따름으로 더 신중했어야 한다는 것을 모르는가. 이건 로또복권이 아니다.

지난해부터 서울시에서는 '하이, 서울'이라는 행사를 하면서 시내 전역에다가 한국현대시에 그림을 곁들여 곳곳에 시민들이 보고 읽을 수 있도록 전시하고 있다. 이때 작품의 선정을 하는 과정에서 모든 문학단체와 전문가가 모여 선정을 했다는 후문이다. 100년을 가름하고 그 작품을 찾아 나선다면 공신력은 물론 그 분야의 일급 정도의 전문가의 엄밀한 검토와 토론이 필요하다는 것을 어느 신문사는 모를 리 없다.

좋은 소식은 경주의 '동리목월기념사업회'에서는 동리목월문학상을 총 상금 1억 원으로 각각 5천만 원씩 배정했다는 소식은 우리 문단의 경사라 할 것이다. 문학 상금 액수가 많다는 것은 어려운 문학적 환경에 그래도 도움을 줄 수 있다. 그리고 한국문인협회에서는 독자적으로 '한국현대문학 100주년 기념행사' 계획을 세워 추진하고 있다. 그중에도 '작고 문인 재조명 작품 토론회'와 같은 기획은 계속 추진 사업으로 했으면 한다.

나에게 지난 한 해는 개인적으로 무척 바쁜 한 해였다. 그동안 소원했던 많은 지역의 문학 강연, 심사들을 맡아 많은 문학인과 교류도 쌓고, 이를 빌미로 모처럼의 문학적인 정담을 나누는 계기가 되어 좋았다. 몇 가지 추진 중인 원고를 정리하지 못하고 또 한 해를 넘긴다는 것이 아쉽다. 40여 명의 한국 여성시인들이 들려준 대담록을 정리하여 CD로 책으로 묶어 낸다는 것이 미루어지고 있다. 또 나의 저서 세 가지도 미루어진 상태다.

새로운 새해가 온다. 세월의 흐름이 무섭다. 할 일이 태산이라는 것도 실감할 수가 없다. 새해에는 꼭 몇 가지 일을 다 해야 한다는 강박이 지금부터 온다. 해야지….

역사적 사건과 오해

이 해에는 여러 곳에서 강연과 발표를 한 바 많았다. 강연에서 일반적인 이야기보다 오늘날 핵심적인 문제가 무엇인가를 우선 생각해서 하게 되었다.

그중에서 국제펜클럽 한국본부에서 실시한(9월 16일) 제16회 국제문학심포지엄의 주제가 '문학과 환경'이라 평소부터 우리나라의 영원한 환경보고인 '비무장지대'에 관한 강연을 2002년부터 몇 차례 하여 왔기 때문에 이번 국제대회에서도 이러한 사실과 실증을 펜 회원국가에 알릴 수 있는 좋은 기회로 생각하여 더욱 구체적으로 연구하여 발표하게 되었다. 이번 발표한 「문학과 비무장지대DMZ의 생태환경문제」의 글 시두에 "DMZ, 비무장지대라는 전쟁의 상처가 남겨진 나라, DMZ로 인해 국민이 59년이라는 세계사의 흐름 속에서 겪어온 비극의 역사를 견뎌온 대한민국입니다. 불행을 견뎌내고 있는 시점에서 우리 경제 규모가 세계 12위가 된 국가가 또 다른 차원으로 무한한 복락을 누릴 수 있는 계기를 가진 나라가 될 수 있다는 희망적인 메시지를 말씀드리고자 합니다. 오늘날 세계 환경론자들의 지적은 오히려 DMZ라는 운명을 잘 운영한다면 지구의 환경생태 문제를 완화하여 세계적으로 지구온난화로 인한 공포를 이겨낼 수 있는 곳이 DMZ라는 사실을 지적하고 있습니다. 뿐만 아니라 문학작품 속에 나타난 다양한 상상과 감성이 어느 나라도 겪어보지 못한 '비극적인 현상을 복락으로 전환'시킬 수 있다는 DMZ에 대한 작가들의 관심과 작품은 또한 놀랄만 합니다."라고 말하면서 구체적 내용을 밝히고 끝 부분에서 "저는 오늘 여러분에게 반세기라는 긴 세월 동안 우리 민족에게 고통을 준 땅을 역설적으로 복락을 후손들에게 줄 수 있는 생명을 잉태한 땅이며, 생태환경의 보고로 남겨진 현장이라는 사실과 그 현장이 될 수 있는 역사적 실상이 문학작품으로 창작되어 역사를 외면하지 않고 있다는 점을 말씀드리면서 마치고자 합니다."라는 말로 끝을 맺음으로 비무장지대에 관한 문제를 제기 했다.

또한 마산 3·15의거기념사업회와 마산문인협회가 공동 주최한 '3·15의거 제49주년 기념 문학강연'에서 '문학은 역사적 사건을 찾아 나서라'라는 제목으로 숱한 역사적 사건을 겪은 우리들로서 많은 사건을 등한시 하는 자세를 말하고자 한 것이다. 이 글에서는 "우리 국토는 불행하게도 일제에 의해 식민지라는 오명 속에서 서른여섯 해 동안 치욕의 역사를 안고 살아왔습니다. 세계2차대전의 종식과 함께 찾아온 것은 남북분단이라는 국토의 분열뿐만이 아니라 민족이 이념으로 갈라서 있는 고통의 연속이 진행되고 있습니다. 이러한 고통과 반목이 6・25라는 동족간의 전쟁으로 많은 생명을 앗아가는 비극적인 역사를 읽을 수 있으며, 현재도 하나의 동일한 국토를 두고 남과 북은 이념의 대치 속에 있다는 사실은 가슴 아픈 통곡이 아닐 수 없습니다."라는 글을 필두로 결론에서 "문학은 이러한 역사적인 상황 인식을 놓칠 수가 없는 것입니다. 그 민족이 살아가는 과정에서 파생되는 갈등과 분쟁과 삶의 형태를 문학작품으로 작가가 작품으로 남겨야 하는 소명이 되기도 합니다."라는 말로 역사에의 관심을 말했다. 사실 6・25의 실상을 전체적으로 보여준 서사시 한 편 없는 형편이다.

그러고 보니 나의 지난해에는 역사적 관점에 많은 사고 영역을 지니고 있었음을 인정한다. 오늘 아침 조간신문에서 친일인명사전을 출간했다는 보도가 나왔다. 우리의 역사적 수치인 일제의 강점기의 가슴 아픈 현실을 보게 된다. 그러나 나라를 일제에 빼앗긴 36년의 아픈 시대에 자신 스스로 해서는 안 될 순간의 실수로 '친일파'라는 극단적인 낙인을 찍어야 하느냐? 서울대 박효종 교수의 지적대로(조선일보 2009녀11월 9일자) '일정한 직위를 가졌거나 몇 가지 글을 남겼다 해서 우리 사회에서 엄청난 파괴성을 가지는 친일로 낙인찍는 것은 공정하지 못하며, 후대에 살고 있다는 이유로 당대를 살았던 사람들의 진정성과 열정을 고려하지 않고 재단한 것은 폭거'라는 말에 유념해야 한다. 일제에 의해 죽음이냐, 삶이냐 하는 갈림길에서 판단의 오차에 의한 '친일적 행위'를 '친일파'로 사전에 올리는 일은 어떻게 생각해야 할까. 이들 중 후일 나라를 위해 더 좋은 공헌을 한 인물도 많다. 그 과정도 인정해 주어야 한다는 것이다. 특히 이러한 일은 문학인에게 많이 적용되는 사항이다.

지난해에도 계획을 세워 두었던 것을 실천하지 못한 것이 한두 가지가 아니다. 새해에도 문학적인 계획이 많다. 한 가지의 연재를 기획하고 있고, 방대한 여성시인들의 대화록을 책으로 내야 하는 일, 두어 권의 책 개정판을 착수해야 하는 등 실로 어리벙벙하다.

우리 현대문학의 전성기인 50~70년대의 세대들이 이젠 인생의 황혼기로 대거 접어들고 있다. 이들 세대는 우리 문학의 도약기를 만든 분들이다. 국가는 이들에 대한 어떠한 형태로든 문학적 업적을 헤아려 주는 제도가 필요하다는 알아주길 바란다.

바쁜 현실의 한 해

웃기는 요즘 말로 세월의 흐름 속도가 나이 숫자와 비례한다는 말이 정설인 것 같이 느껴진다. 하루라는 시간 개념이 24시간이 아니라 홀딱 가 버리는 속도에 저녁 무렵이면 '또 하루가 가는 구나' 하고 아쉽고 놀란다.

올해도 무척 여러 가지 행사와 일들이 많은 개인적인 한 해였고, 사회적으로 변화가 많은 한 해였다. 이러한 변화에 대하여 문학 단체들은 현실 유지에만 치우쳐 새로운 문제를 제시하거나 연구를 하지 못한 가운데 문학 인구만 늘어 가고 있다.

문학인으로 등록되는 상황을 보면 이래도 되는가 싶을 정도로 소위 당선이니, 등단이니, 추천이니 하면서 대량 살포하고 있다. 몇 사람이 모여 동인지나 잡지를 만들면 문인의 꼬리표를 달아 신인당선작품이라고 치장하면서 살포한다. 이러한 현상이 사실 좋은 현상인지, 나쁜 현상인지 문인들 모두들 생각해 볼 일이다.

또 하나 금년에도 많은 문인들이 세상을 떠났다. 그런데 몇십 년을 문학 활동을 해온 공적은 그날로 묻혀 버린다. 일간 신문은 물론 문학 단체에서 발간하는 기관지나 문예지에서조차 죽음의 소식이나 특집 한번 해 주지 않는 풍토가 되어 삭막하기만 하다. 과거에는 그러지 않았다. 언제부터인가 문학인이 사회적으로 냉대 받는 사회가 되어 버렸다. 문학 단체와 무관한 활동을 하는 몇몇 알려진 문학인은 이러한 문제에서 제외되는 것만 해도 다행이라고 생각해야 할까.

사회적으로는 나라의 어른이라는 분이 밤낮 국민에게 걱정만 끼치는 일을 하고 보니 어디 마음 편한 국민은 누구일까 보고 싶다. 자고 나면 걱정스러운 일들만 벌어지는 판이니 이럴 때일수록 좋은 문학작품이 나올 법도 한데 깜깜 무소식이다. 제발 올해 12월에 새로운 인물이 나와서 지난 오류와 아집과 독선과 오판을 판가름할 수 있는 사람이 나와 우리 걱정을 말끔하게 잊을 수 있도록 부처님과 하느님에게 기도하자. 그리고 이러한 오류와 아집과 독선과 오판을 고발하는 문학 작품이 세상을 놀라게 했으면 한다. 김지하 시인의 「오적」이 그리워지는 작금이 아닌가.

금년 나의 일 중에서 지난 10월 6일 강원도 영월에서 김삿갓 탄생 200주년 기념 '대한민국 시인대회'에서 개막식 특별 강연을 했다는 것이 나에게 흐뭇한 감격이었다. 1천여 명이 운집한 시인들에게 「시여, 어디로 가나?」라는 제목으로 우리 시의 변모와 사회 변혁의 문제를 약 30여분 강연을 하였다. 그리고 '문학의 집 · 서울'에서 개최된 2회 째인 '전국 문학인대회'에서 「문학적 환경은 무엇인가?」라는 제목으로 발표를 하여 문학과 환경과의 관계를 날카롭게 제시한 것도 나에게는 잊을 수 없는 좋은 기회였다.

원고가 산적해 있는데 손을 못 대고 있다. 한국 현대 여성시인 40여 명을 직접 대담하여 그들의 시 세계를 총 집대성할 원고인데, 대담은 연구팀에서 마쳤으나 정리를 못했다. 이 일을 내년에는 꼭 해야 될 일 중의 하나이다. 그리고 일생을 생각해 온 거대한 작품을 집필하는 게 또 하나의 과제다. 언제 될 것인가. 못할 것인가 두렵다.

2008년은 우리나라의 국운은 물론 국민이 걱정 없이 잘 살 수 있는 좋은 나라가 되고, 국민이 문학 작품을 외면하지 않는 나라가 되고, 훌륭한 문학작품이 온 세계를 놀라게 하는 새로운 세계가 열리길 기대 한다.

그리고 문학단체들은 주어진 그들 앞의 일만 하려들지 말고 전체 문학인은 물론 한국문학의 미래를 열어줄 새로운 검토와 연구를 해주기를 바란다. 회장으로 당선된 것에만 안착하지 말고 우리 문학이 어디로 가야할까. 무엇을 해야 할까. 우리 정부는 물론 세계에 대한 방향을 어떻게 이어줄 것인가를 형식이 아닌 적극적 자세로 발휘하여 줄 것을 부탁한다.

(2007년의 회고)

세 사람의 만남

- 육주 홍기삼 문학평론가

벌써 고희가 되었습니다. 번개처럼, 바람처럼 흘러가는 사람 살아가는 세상이라 어쩌겠습니까. 지난 살아옴이 한 토막씩 생각나다가 희미하게 흐려지는 또 한 편의 추억들만으로 쌓여만 가고 있습니다.

그 추억들을 한 페이지씩 넘기다 보면 어느 사이 색이 바래져 있고 안개처럼 흐린 망막들이 스쳐 지나갈 때, 그것을 펼쳐본다는 기쁨의 역사가 많은 자극을 주고받게 됩니다. 최근 제법 긴 시간 동안 만나지 못했습니다.

그러다 보니 오랜 세월이 흘러 버렸습니다. 홍기삼과 조상기, 그리고 나 조병무가 어느 한 시절, 그 어느 때인가. 세 사람은 동국대 주변을 오르내리며 자주 어울려 만났었지요.

홍교수는 동국대학 우리들의 모교에 재직하였고, 나와 조상기 시인은 동덕여·중고에 재직하고 있었지요. 특히 나와 조상기 시인은 우리 문단 주변에서 가장 절친한 사이라는 소문에 뒤질세라 어디서나 붙어 다니는 경우가 많았고, 홍교수는 나와 같은 문학평론을 하는지라 만남의 자리가 빈번했습니다.

조상기 시인과 홍교수는 동향의 오랜 친구로 가깝다 보니 나와 같은 직장인 조시인과 홍교수는 자연스럽게 어울림이 많아지고 서로의 뜻이 통하고 맞아 만남의 빈도가 많았다고 기억됩니다. 그 무렵 시대적으로 무척 어둡고 어려운 때였기 때문에 우리들은 만나면 시대의 흐름도 이야기하고, 우리 문학과 문단의 흐름도 이야기하면서 주거니 받거니 술타령도 하면서 어울려 만났다고 기억됩니다.

그러다가 우연한 기회에 일본어를 배우지 않겠느냐는 의견이 나왔지요. 일본어는 배워 두어야 되겠다는 생각들이 세 사람 모두 일치하여 배우기로 하였지요. 그때 홍교수가 재직한 동국대학의 제자(?)가 우리들을 지도하게 되었다고 기억하는데 맞는지 모르겠습니다. 우리들은 그때 제법 열심히 공부하였으나 나에게는 능률이 오르지 않아 어리벙벙했고, 홍교수가 제일 능률이 월등하여 후일 일본 쓰쿠바대학교에서 박사학위를 받는데 일조를 하지 않았을까요. 그렇죠?

세월은 너무나 빠르게 흘러서 그 사이에 세 사람의 나아가는 길들은 물 흐르듯 다르게 변했습니다. 조상기 시인은 동덕여자대학교 문리대 학장과 대학원장 등으로 재직하면서 후일 이 대학에 문예창작과를 신설하면서 신설학과 창립과 동시 나를 동참시켜 또 같은 직장에서 지내게 되었답니다. 이 무렵에는 세 사람이 같이 만남은 잘 이루어지지 못했고, 서로의 길들이 워낙 바쁘고 같은 자리에서 만나도 서로의 일들이 기다리고 있었기 때문이지요. 불행하게도 조상기 시인은 여러 가지 업무의 과중으로 새천년이 들어서는 새해에 이 세상을 멀리하여 우리 곁을 떠났고, 홍교수는 모교의 총장으로 재직하여 많은 일들을 이루어 우리들을 흐뭇하게 하였습니다.

홍총장과 또 한 편의 지나간 이야기는 문학평론가협회에 대한 오랜 지난 이야기지만 협회를 맡았던 구임원들의 임기가 끝나고 새로운 임원을 뽑을 무렵, 협회를 새로운 도약으로 만들어야 되겠다는 많은 회원들의 요망사항을 이루기 위해 몇몇의 평론가들이 새로운 출범에 적극적으로 개입하여 홍총장을 새 회장으로 뽑은 일입니다. 이후 혁신적인 운영을 추진하여 오늘이 있기까지 많은 업적을 남기는 주춧돌이 되었다는 것은 또 한 편의 실화로 남겨 놓은 일화가 되겠습니다. 모든 것 다 순리에 맡겨 자주 만남의 시간 만듭시다.

3.

33인 만해 한용운 스님

역사 속의 인물은 독립운동을 하신 분이나 다른 분야에서 활동하신 많은 분을 들 수 있다. 그중에서도 나라가 어려울 때 자신을 희생하며 나라를 위해 투쟁하신 분들은 후세 국민들이 잊어서는 안 된다.

그중에서도 많은 감동을 주신 만해 한용운 스님을 생각할 수 있다. 민족과 나라를 위하여 자신을 희생하며 일생을 사신 분이다.

1919년 3·1운동 때 민족 대표 33인의 한 사람이며 시인이신 만해 한용운 스님이 남긴 단 한 권의 시집 『님의 침묵(1926)』은 작품 속에 스며있는 나라 잃은 슬픔은 물론 '님'에 대한 강한 의지를 나타내고 있다.

시인에게서 '님'은 나의 조국이며 우리 한민족이기도 했다. 시인은 시집의 첫 머리말에 쓴 것을 「군말」이라고 하여 다음과 같이 '님'에 대한 의미를 나타내고 있다.

> '님'만이 님이 아니라 기룬 것은 다 님이다. 衆生(중생)이 釋迦(석가)의 님이라면 哲學(철학)은 칸트의 님이다. 薔薇花(장미화)의

님이 봄비라면 마시니(Mazzini, 1805~1872, 이탈리아의 통일을 이끈 혁명가)의 님은 이태리다. 님은 내가 사랑할 뿐 아니라 나를 사랑하나니라.

戀愛(연애)가 自由(자유)라면 님도 자유일 것이다. 그러나 너희는 이름 좋은 자유에 알뜰한 구속을 받지 않느냐. 너에게도 님이 있느냐. 있다면 님이 아니라 너의 그림자니라.

나는 해 저문 벌판에서 돌아가는 길을 잃고 헤매는 어린 羊(양)이 기루어서 이 시를 쓴다.

-「군말」

시인의 강한 의지를 나타낸 표현으로서 '님은 님만이 아니라 기룬 것은 다 님이다'라는 말과 '해 저문 벌판에서 돌아가는 길을 잃고 헤매는 어린 양'이라는 표현에서 시인의 시 작품의 의미가 무엇을 말해 주는가를 알 수 있다.

만해스님은 많은 풍파를 겪으면서 1905년 스님이 되고 그 후 불경공부에 매진하면서 후일 북간도 일대에서 독립군의 군자금을 모집하러 다니기도 했다. 중앙포교당을 설립하자 조선총독부에서 폐지 명령이 내려졌다. 그 후 스님은 많은 고통과 고민 끝에 1913년 『조선불교유신론』을 집필하게 된다. 그리고 스님은 잡지 『유심』을 발간하여 불교혁신을 주장하게 된다.

1919년 봄에 손병희 등 33인의 민족대표가 독립운동을 추진하고 독립선언서의 마지막 공약에서 제3장을 스님의 주장으로 '최후의 일인까지 최후의 일각까지 정당한 의사를 쾌히 발표하라'라는 구절을 넣게 된다. 스님은 33인 민족대표로 참여하여 일본

제국에 체포되어 3년형을 받았다. 스님의 나라 위한 업적은 많은 국민들에게 귀감이 될 것이다.

스님의 시집 『님의 침묵』은 이러한 나라에 대한 기본 정신을 바탕으로 집필되었을 것으로 본다. 시작품에서 시어에 함축된 의미가 대단히 깊다는 것을 느낄 수 있다.

시인 한용운의 시작품에서 특히 많이 음미할 수 있는 시어에서 '님'과 '사랑'과 '눈물'이 의미하는 바가 바로 나라를 잃은 우리의 나라와 고통 속의 민중이라고 할 것이다.

한용운 시인의 대표작이라고 볼 수 있는 「님의 침묵」에서 나라 잃은 아픔을 사랑하는 님으로 상징할 수밖에 없는 슬픔이 깃들어 있다고 할 것이다.

님은 갔습니다.
아아 사랑하는 나의 님은 갔습니다.
푸른 산빛을 깨치고 단풍나무 숲을 향하여 난 작은 길을 걸어서
차마 떨치고 갔습니다.
황금의 꽃같이 굳고 빛나던 옛 맹세는 차디찬 티끌이 되어서
한숨의 미풍(微風)에 날아갔습니다.

- 「님의 침묵」 첫 연

이 작품에서 나타나는 '님은 갔습니다/ 아아 사랑하는 나의 님은 갔습니다'에서 당시의 시대적 상황을 인식하면 그 큰 뜻을 알게 된다. '푸른 산빛을 깨치고 단풍나무 숲을 향하여 난 작은

길을 걸어서/ 차마 떨치고 갔습니다.' 일제의 만행이 극에 달한 당시의 행적을 감지하여야 한다.

바람도 없는 공중에 수직(垂直)의 파문을 내이며, 고요히 떨어지는 오동잎은 누구의 발자취입니까.
지리한 장마 끝에 서풍에 몰려가는 무서운 검은 구름의 터진 틈으로, 언뜻 언뜻 보이는 푸른 하늘은 누구의 얼굴입니까.
꽃도 없는 깊은 나무에 푸른 이끼를 거쳐서, 옛 탑(塔) 위의 고요한 하늘을 스치는 알 수 없는 향기는 누구의 입김입니까.
근원은 알지도 못할 곳에서 나서, 돌부리를 울리고 가늘게 흐르는 작은 시내는 굽이굽이 누구의 노래입니까.
연꽃 같은 발꿈치로 가이 없는 바다를 밟고, 옥 같은 손으로 끝없는 하늘을 만지면서, 떨어지는 날을 곱게 단장하는 저녁놀은 누구의 시(詩)입니까.
타고 남은 재가 다시 기름이 됩니다. 그칠 줄을 모르고 타는 나의 가슴은 누구의 발을 지키는 약한 등불입니까.

-「알 수 없어요」

위의 작품에서 '고요히 떨어지는 오동잎은 누구의 발자취입니까.' '언뜻 언뜻 보이는 푸른 하늘은 누구의 얼굴입니까.' '옛 탑(塔) 위의 고요한 하늘을 스치는 알 수 없는 향기는 누구의 입김입니까.'에서 상실한 주권에 대한 은유적인 표현으로 시인의 강한 정신적 자세를 읽을 수 있다.

'그칠 줄을 모르고 타는 나의 가슴은 누구의 발을 지키는 약한 등불입니까.'에서 조국독립을 암시하는 저항의지를 볼 수 있다. 후일 조지훈 시인은 한용운 시인에 대한 논평에서 '한용운 선생의 진면목은 혁명가이며 선승과 시인의 일체화에 있었다'고 평한 바 있다.

이러한 만해 한용운 스님이며 시인으로서 불교의 윤회사상과 조국독립에 대한 강렬한 의지와 감성에서 많은 감동을 받을 수 있다. 이러한 업적이 오늘날 강원도 백담사에서 매년 개최되는 만해축전의 큰 행사를 볼 수 있는 행복이 있기도 하다.

(2018년 서울문학인대회)

스마트폰, 지니고 있습니까

오늘이라는 우리 사회는 사람의 생각을 초월하는 각양각색의 용품들이 유혹하고 있다.

드론이라는 무인 항공기가 등장하여 하늘을 날고, 운전자가 없는 무인 자동차가 등장할 판이다.

스마트폰의 등장은 젊은이나 나이 지긋한 어른들이나 이곳에 집중하여 어쩌면 자기 생활의 모든 분야를 맡겨 버리고 있다. 길거리나 전철을 이용하다 보면 모든 이들이 스마트폰을 손에 쥐고 넋을 잃고 있음을 볼 수 있다. 과거 책을 펼쳐 독서삼매에 빠져 있는 그런 형상은 스마트폰으로 바뀌어 버렸다.

특히 스마트폰이 지니고 있는 일반적인 전화 통화의 기능을 초월하여 카카오톡 혹은 카카오스토리나 SNS에 몰두하다 보면 그 재미에 모든 것을 잃고 만다. 카카오톡의 기능은 음성이나 영상을 무료통화로 사용할 수 있으며, 문자메시지 서비스, 사진, 동영상, 음성메일, 그룹채팅, 그룹콜 등 다양한 채널을 만날 수 있어 마치 이는 자신의 분신인 양 몸에서 떨어져 나가지 않는다.

여기서 더한 인맥을 쌓기 위한 SNS(Social Networking Service)는 온라인상 많은 인맥을 쌓거나 기존 지니고 있는 인맥을 강화하기 위한 서비스이기 때문에 어떤 목적을 가진 이들에게는 특히 중요한 기능이다.

나 역시 카카오톡에 몰두하는 편이다. 많은 친구들과 함께 하루가 멀다 하고 나의 스마트폰에 연기 없는 불이 날 지경이다. 수많은 글과 그림과 사진 동영상 등 소식들이 몰려든다. 동영상과 함께 철학적인 명문들이 흘러가도록 하면서 멋진 음악들이 고요히 흘러갈 때면 조용히 명상에 잠기기도 한다. 특히 같은 지역의 친구들뿐만 아니라 멀리 떨어져 있는 친구는 물론 타국에 있는 지인들과도 서로 주고받고 하면서 돈 들지 않는 무언의 담론을 나눈다. 서로 목소리를 듣고 싶으면 보이스톡을 활용하면 국내외는 물론 어느 지역과도 무료로 통화를 할 수 있어 얼마나 편리한지 모른다.

최근 카카오톡을 통해 나에게 '바티칸 미술관관람'에 대한 메시지가 도착했다. 상당히 긴 시간 동안을 보아야하는 동영상인데 사진들이 대단히 정교하게 촬영한 것은 물론 정교한 부분을 확대하여 해설을 겸하여 보여주기 때문에 마치 바티칸에 다녀온 기분을 느낄 수 있었다.

그뿐인가. 시내 행사장에서 행한 행사의 장면을 지인들이 촬영하여 즉각 보내주기 때문에 마치 행사장에서의 장면들을 그 현장에 있는 것 같은 느낌으로 지낼 수 있다. 사진을 확대할 수 있어 얼마든지 크게 확대하여 그 표정이나 분위기를 감지할 수 있어 좋다.

이러한 카카오톡이나 보이스톡에서 오늘날 살아가는 또 다른 재미는 물론 기계문명이 주는 무한한 혜택은 우리들에게 어떤 변화의 형상을 초래할지는 아무도 모른다. 문명의 발달은 인간에게 혜택을 줄 수도 있지만 때로는 알지 못할 재난을 줄 수도 있다는 사실을 인정해야 한다.

오늘날 이러한 스마트폰이 우리들에게 주는 즐거움과 생활의 발전적인 요인들을 수없이 많이 즐기는 현실에서 그것이 주는 감사의 정은 물론 언젠가 닥칠 다른 재난에 대해서도 생각해야 할 것이다. 재난은 소리 없이 우리 주변을 도사리고 있을 수 있다는 사실을 인지해야 할 것이다.

일곱 구멍의 인물화

어쩌다 이렇게 되었을까? 사람의 얼굴이.

아무리 세상이 거짓투성이라고 하여도 사람의 얼굴만은 진짜라고 믿었던 세상이었다. 텔레비전을 보다가 나를 의심하게 될 때가 한두 번이 아니다. 특히 가수 아무개가 노래 부른다는 진행자의 말이 끝나기가 무섭게 나타난 가수의 얼굴, 내가 알고 있는 그 가수의 모습은 찾을 수가 없다. 성형이라는 이름 아래 본래의 얼굴은 타인이 되어 버린 것이다.

사람의 얼굴은 그 사람의 이름과 함께 모든 사람의 기억 속에 남겨진 절대적인 족보다. 그것도 나의 어머니와 아버지의 혈통 속에서 신선 같이 만들어낸 완전한 인간이라는 이름의 자신만의 예술품이다. 그래서 사람을 만날 때, 몸 가운데 제일 먼저 얼굴을 마주 한다는 것은 그 얼굴이 자신만을 나타내기 때문이다. 더러는 닮는다는 말이 있지만 닮는 얼굴은 자신만의 하나의 얼굴과는 다른 것이다. 그래서 얼굴은 그 사람의 첫 인상이다.

사람의 얼굴에는 일곱 개의 구멍이 있다. 그 일곱 개의 구멍은 사람에 따라 모두가 다르다. 수천, 수만의 세계 인구가 있지만 사람의 얼굴이 꼭 같은 것은 찾아볼 수 없다. 사람을 만든 조물주의 신통이 수천, 수만의 얼굴을 조형하였음을 보고 이 놀라운 창조가 과연 어디서 왔을까 놀랍다.

일곱 개의 구멍 가운데 가장 뚜렷한 구멍은 콧구멍이다. 다음이 눈구멍이고, 또 그 다음이 입구멍이며, 귓구멍이다. 이 구멍들이 성형이라는 얼굴 보수작업에 부딪쳐서 구멍들을 보수하고, 수리하고, 덧붙이고, 오려내고, 넓히고, 좁히고, 가만 두지 않는다. 어쩌다 이렇게 되었을까. 허기야 사고나 화상으로 인한 성형은 어쩔 수 없다.

요즘 나는 전철을 타고 갈 때나 길을 걸을 때, 우연히 마주치는 사람을 대할 때, 나의 눈은 제일 먼저 그 사람의 코를 보게 된다. 사람에 따라 볼록하고, 통통하고, 뾰족하고, 둥글둥글하고, 날카로운 코의 볼륨이 있는가 하면, 위로 치켜 올라간 구멍, 옆으로 벌어진 구멍, 양족이 짝짝인 구멍, 콧구멍을 숨기려는 듯 아래로 처진 메부리 구멍, 삼각의 각을 이룬 구멍 등을 볼 수 있다.

코의 생김은 얼굴 한가운데를 장식하는 일급의 텃밭을 일구어 양쪽 눈 가운데를 갈라 입술로 치달아 내려오면서 코 중앙 뼈의 굴곡이 한번 계곡을 이루어 구멍으로 와 닿는가 하면, 계곡 없이 쭈우욱 뻗어 내려온 완만한 코의 흐름을 이루는 경사는 또한 한국인의 얼굴의 풍경화이다. 인물화치고는 이렇게 완벽한 그림이 있을까. 놀라울 일이다. 신비스러움의 극치다.

나의 얼굴의 생김은 어떨까. 교직생활에서 학생들이 붙여준 별명을 보면 재미있다. 나의 별명은 '백 미터 미남'으로 불렸다. '백 미터 미남'은 뭘까. 가깝게 보면 아닌데 좀 멀리서 보아야 미남이라는 말일까. 부모님께서 주신 얼굴 그대로 보존하는 나의 얼굴은 이 지구상에 오로지 하나로 남겨진 유명한 인물화로 웃고 있을 뿐이다.

정신적인 마음의 자세

오늘날 우리 사회는 다 같이 사랑을 나누며 살아가는 아름다운 모습이 많아서 좋다. 사람이 살아가는 우주 공간에는 다양한 형태의 삶의 영역이 형성되어 있다. 서로가 서로를 위하는 마음들이 활발하게 움직이는 것을 볼 때, 모든 세상이 번쩍이는 빛으로 환하게 밝아온다.

사람의 육신과 정신은 그 자신이 만들어 간다. 내 육신이 정상이냐, 아니냐는 외형적인 모습보다 삶을 지탱하고 위하는 정신적인 마음의 자세에서 더욱 힘을 얻는다.

우주에 존재하는 생명체는 육신을 움직이는 행위에 의해 그것을 어떤 방법으로 살아감을 찾느냐 하는 점은 모든 생명체가 같이 고민하고 찾아야 하는 과제이다. 특히 고등동물에 속하는 인간은 모든 생명체의 표준이며 모범임을 잊어서는 안 된다.

며칠 전 TV에서 어린 호랑이를 원숭이가 젖을 먹이는 모습을 보여 주었다. 그 원숭이는 어린 호랑이를 무릎에 눕혀 놓고 우유병에 묻은 이물질을 손으로 털어내면서 호랑이의 입에 젖을 물려주고 있었다. 원숭이의 표정은 정말 사랑으로 그려진 아름다움 그것이었다. 자기 자신이 먹어도 될 우유를 기력이 쇠잔한 호랑이에게 젖을 주어야 한다는 원숭이의 마음은 깊은 사랑의 표징이며 정신적인 밝음의 표징일까.

사람의 육신 역시 마찬가지다. 자신을 끌어가는 힘의 원동력은 자신 스스로 끌어가려는 정신의 밝음을 어디에 주어야 하는가에 따라 삶의 새로운 가치를 보유할 수 있는 핵심이 된다. 그러한 원동력은 하나의 힘이고 생명이다.

나는 우리의 인류 역사에서 독일의 작곡가인 베토벤과 영국의 우주물리학자 스티브 호킹 박사의 일생에서 인간의 육신과 정신의 힘이 가름하는 판단의 우열이 어느 쪽인가라는 의문을 가지면서 정신이 지니는 힘의 위대성이 결코 승리한다는 정답을 찾을 수 있었다.

베토벤은 우리가 너무나 잘 알고 있는 'C단조 교향곡'을 작곡함으로 인간이 지닌 운명의 문을 열어주었다. 이 곡은 '운명'이라고도 하고, '교향곡 제5번 C단조'라고 하는 많은 사람들이 열광하는 교향곡이다. 그런데 베토벤이 이 곡을 작곡할 무렵, 27세에 난청으로 귓병을 앓고 고통의 나날이 온다. 작곡가에게 난청이란 음악을 포기해야 할 운명을 의미한다. 이러한 고통 속에서 '운명'과 교향곡 제3번인 '영웅' 등을 작곡하여 불멸의 정신적인 힘을 보여 주었다.

그 후 베토벤의 난청은 심해져 청각을 완전히 잃게 된 후 자신에게 닥친 운명과의 사투 속에서 다른 사람의 도움으로 필담을 해가며 피아노 소나타 '하머클라비어'를 작곡하여 육신의 고통을 이겨내고 정신의 승리를 보여준다.

베토벤의 '운명' 교향곡이나 '영웅' 교향곡 등을 감상하면서 육신의 한 부분은 자신으로부터 이탈하여 갔으나 이를 정신적인 감성으로 위대한 화음을 시대를 초월하여 들려주고 있다는 것은 베토벤의 영원한 삶의 지속이 우리 곁에 와 있음을 항상 느끼게 된다. 어쩌면 '운명' 교향곡에서 '운명은 문을 두드린다.'라는 베토벤의 음성이 들리는 듯하다.

또 한 사람은 영국의 이론 물리학자 스티브 호킹 박사이다. 우주 물리학에서 방대한 우주관계를 찾아 나선 호킹 박사는 루게릭병(근위축증)으로 인해 몸속 운동신경이 파괴되는 고통 속에서 의료기기에 의존한 채 연구에 전념하고 있음을 알고 있을 것이다. 그는 나이 20세 이후에 운동신경을 파괴하는 퇴행성 신경 근육 질환인 루게릭병을 앓게 된다. 육신과 정신의 사투를 하면서 결국 강직한 호킹 정신을 보여 우주 물리학의 권위자가 된다.

호킹 박사는 정신과 육신을 지탱하기 어려운 고통 속에서 언제나 '죽음을 두려워하지는 않지만 하고 싶은 것들이 너무 많아 죽음을 서두르지 않는다.'라는 정신으로 세계적인 이론 물리학자로서 인류에 많은 공을 남겨준다.

우리는 베토벤과 스티브 호킹 박사의 일생에서 많은 것을 배우게 된다. 육신의 우월성보다 정신의 우월성이 얼마나 강하고

질긴 것인가 하는 해답을 얻을 수 있다. 인간이 가져야 할 집착과 함께 인간이 해야 할 정신적인 가치판단을 스스로 자신이 화답하며 다스려야 한다는 명제를 얻을 수 있다.

어느 날, 공원을 산책하다가 몰려든 비둘기들을 보았다. 먹이를 사다 뿌려주며 그들의 일거수를 살피든 중 그중 몇 마리가 한쪽 발가락이 모두 없어진 것을 보았다. 어떤 비둘기는 발바닥 자체가 보이지 않는다. 새들에겐 발가락은 생명을 지탱해 주는 중요한 육신이다. 그들은 그러한 힘든 발을 스스로 체득한 원력으로 공원 안을 돌아다니며 먹이를 찾아 나서고 있었다. 본능적인 삶의 방법이라고 하지만 하나의 생명력과 정신적인 공감대가 비둘기의 힘의 발상이 되고 있는 것이다.

많은 사람들은 오늘이라는 시대 속에서 살아가면서 행복이라는 기쁨을 찾으며 살아간다. 행복이라는 것은 결국 자신 스스로 찾아야 하고 키워 나가야 한다. 한 인간으로 세상 속에 하나의 역사를 남기려면 세상 속의 나를 발견해야 한다. 우주라는 큰 덩어리에 한 인간으로 존재하는 자신의 위력이 결국 헛되지 않는다는 정신의 힘을 만들어야 한다. 그것은 누가 대신해 주지 않는다. 나 자신이 만들어야 하고 실천해야 한다.

지역문화의 꽃

현대 우리 사회는 경제성장과 더불어 문화 충족에 대한 욕구가 더욱 커지고 있다. 문화란 어느 나라이든 그 나라의 위상과 함께 발전하고 성장하기 마련이다. 오늘날 다변화되어 가는 시대적인 상황에 맞추어 각 지역이 보유하고 있는 문화 요인을 발굴하고, 새로운 문화에 대한 자각과 그 문화를 향유할 수 있는 여건을 각 지역에서 구축해야 한다.

최근 우리나라에서는 각 지역의 특성에 알맞게 여러 가지 문화 행사를 하고 있다. 각 지역이 보유하고 있는 문화유산에 관계되는 축제는 물론 지역의 특산물을 알리고 체험하기 위한 농축산물 축제의 한마당도 여러 지역에서 개최되고 있다.

이러한 지역문화 행사가 활발하게 진행되고 있지만 그러한 행사는 일회성으로 끝나고 만다. 자칫 놀이문화라는 한계에서 벗어나지 못하고 있는 실정이다. 지역에서 행해지는 문화 여건이 영원한 정신적인 지주가 되고 감동을 동반할 수 있는 문화 마인드는 수없이 많다.

그렇다면 지역문화의 영원한 정신적인 지주가 될 수 있는 문학과의 관계는 어떠한가. 문학인의 특성을 살려 그 지역의 특화 유적지로 지속되면서 세계적인 이목을 집중시키는 사례는 수없이 많다.

우리나라는 한국근현대문학 백년의 해를 맞이하고 있다. 그러나 불행하게도 이 나라에는 백년을 조감할 수 있는 종합문학관이 없다. 가까운 일본에는 도쿄 메구로공원 안에 근대문학관이 있다.

우리나라도 문학인들의 생가를 문학 유적지로 지정된 곳은 많다. 시인 한용운의 '심우장'이 서울 성북동에 있으며, 소설가 심훈의 '필경사'가 충남 당진에 있다. 그리고 생가를 유적지로 지정한 곳은 시인 박용철의 광주시 광산구, 시인 김영랑의 전남 강진군, 시조시인 이병기의 전북 익산시, 소설가 민태원의 충남 서산시, 시인 한용운의 충남 홍성군, 시인 이육사의 경북 안동시, 시인 정지용의 옥천군, 시인 조지훈의 경북 영양군, 소설가 이효석의 평창 봉평 등 많은 문학인의 생가를 유적지로 보존하고 있다.

그뿐 아니라 지역에서 문학인과 그 작품세계를 조감할 수 있는 지역 특성화 문화 영역을 조성하여 그 지역의 정신적인 영감과 함께 문학에 대한 지역과 문학의 교감을 이루어 성공한 사례도 많다. 몇 지역을 소개하면 다음과 같다.

'김유정문학촌'은 강원도 춘천시 신동면 중리 실레마을에서 태어난 소설가 김유정을 기리는 곳이다. 소설 「봄 봄」 「동백꽃」 등 많은 작품을 남긴 소설가를 기리기 위해 역명도 '김유정역'이라 하여 국내외에서 찾는 이가 많은 곳이 되었다.

'양평 황순원 문학촌' 역시 일명 '소나기 마을'이라 하여 양평의 명소가 되고 있다. 소설가 황순원은 출생지가 평안남도 대동군 개평면 빙자리에서 태어났으나 고향 가까운 지역인 양평에 소설 속 이야기를 테마로 문학촌의 탐스러움을 나타내어 많은 사람들에게 감동을 주고 있다.

'태백산맥 조정래문학관'을 들 수 있다. 소설가 조정래는 전남 승주군 선암사에서 태어났다. 문학관은 그 이웃인 전남 보성군 벌교읍에 있음으로 소설 『태백산맥』에 전개되는 벌교와 관련을 맺음으로 소설의 이야기 속으로 빠져드는 것은 물론 작가의 작품 창작의 세계를 망라하는 모든 요건을 볼 수 있는 곳으로 유명해진 곳이다.

박경리의 소설 『토지』의 주무대인 최참판댁을 복원한 경상남도 하동의 '평사리문학관'은 소설에 나타난 세계를 들여다 볼 수 있는 한 편의 작품이다. 그뿐 아니라 원주에 토지문학공원과 박경리 소설가가 거주한 '박경리 문학의 집'은 박경리 작가의 생생한 모습을 볼 수 있고, 사후에 경상남도 통영에 묘소를 정해 작가 이전의 본향으로 영원한 안식처를 정한 곳이다.

이외의 계원예술대와 서울 중구에 있는 수필가 전숙희의 동서문학관, 전남 목포에 있는 소설가 박화성문학관, 전남 고창 선운사 인근에 있는 미당 서정주문학관, 경남 사천에 있는 시인 박재삼문학관 등 많은 개인 문학관은 그 지역의 문화 창달에 공헌을 하고 있는 것은 사실이다.

문학인을 많이 배출한 경남 통영에서는 오래전부터 통영시 자체로 시인 청마 유치환을 기리는 문학관은 물론 청마문학상을 제정하여 금년으로 12회까지 시상하고 있으며, 이곳 출신인 시인 김춘수, 시조시인 초정 김상옥, 소설가 김용익상을 제정하여 첫 시상을 하였으며, 개인별 문학관을 개관하고 있다.

또 한 가지 실례로 매년 초여름부터 강원도 백담사 인근 만해마을에서 개최되는 '만해축전'을 들 수 있다. 금년으로 15회 째 맞이하는 이 행사는 만해 한용운 시인의 정신을 기리는 축전이다. 만해 대상을 비롯하여 많은 문학인들이 만해마을에 기거하면서 문학에 대한 토론과 낭송, 만해시인학교의 시 강의, 서예대전, 전시, 공연을 하면서 문학이란 무엇인가를 화두로 전국에서 모여든 문학인 스스로 자신을 돌아보는 뜻있는 지역문화 행사이면서 세계적인 문학 축전으로 발전했다.

이와 같이 각 지역에서 문학인을 대상으로 문학에 대한 새로운 조명을 함으로 지역과 문학에 대한 인식과 관심을 높인 것은 사실이다. 그 지역을 문학인과 연계되는 특성화 문화 지역으로 새로운 조화를 이루어 상보적인 문화 마인드를 구축하는 계기를 갖게 된다.

현대문학 인구는 날로 급증하고 있다. 어느 지역이든 문인이 거주하지 않는 지역이 없을 정도로 유명 무명의 문학 인구는 늘어가고 있다. 문학과 관련된 지역 행사가 많은 이의 공감을 얻고 있다. 경기 어느 지역에서는 그 지역에 거주하는 시인 소설가들의 명구를 시민들이 다니는 오솔길 옆에 설치하여 오며가며 읽는 시민들이 많아졌다고 한다.

이러한 지역문화의 새로움이란 위에서 예시한 것과 같이 지역문화의 역할과 합치하여 문학이 지니는 영역과 함께 오랫동안 공감할 수 있는 정신적인 요인이 되어 줄 것이다.

지역문화와 문학과의 관계는 문학이 포용하고 있는 광활한 세계를 모든 지역을 찾는 이들에게 아름다운 마음의 양식을 안겨 줄 것이다.

국립한국근현대문학박물관

대한민국은 근대문학 100년의 긴 역사를 자랑하지만 한국근대문학박물관이 없는 나라다. 문학관 건립의 목적은 분명하다. 그동안 시집과 소설집 등 많은 문학적 업적이 발행되자마자 산실되고 마는 오늘의 우리나라 문헌보존의 구멍 뚫린 상황에서 '국립한국근현대문학박물관'의 건립, 이것은 우리 문단과 국가적인 숙원사업이다. 국가 산업화와 경제 우선에 밀려 우리의 정신적인 문화유산은 흩어지고 유실되는 과정에 있다.

팔만대장경을 보존하고 조선왕조실록이 보존되고 있는 것은 세계에 자랑할 역사적 기록이 되고 있다. 우리 한국의 근대문학적 자료의 보존과 활용은 물론, 한국문학의 문화 보존의 명소나 연구자들의 연구 지역으로의 세계적인 관심의 대상이 될 것임은 자명하다. 뿐만 아니라 근대문학적인 자료는 문화 상품적 가치를 만들 수 있기 때문에 근대문학적 요인을 집대성하여 확산 시킨다면 근대문학관은 세계적인 석학의 연구도시 및 한국 근대문학의 집산지로서 목적을 달성할 수 있다. 우리의 한국 근대문학의 모든 것을 보존하고 이용할 수 있는 한국근대문학관이 현재까지 없다는 것은 근대문학 100년의 역사적 수치임을 알아야 한다.

혹자는 말하리라. '한국 지역 여러 곳을 가면 많은 문학관이 있지 않으냐.'라고 말할 것이다. 그러나 그러한 문학관은 지역 출신의 문학인을 기리기 위한 기념관의 위치이지 한국근대문학을 총체적으로 집대성하는 문학박물관은 아니다.

이웃한 일본에는 70여 년 전에 일본의 근대문학관을 도쿄의 메구로공원 안에 건립하였다. 노벨문학상 수상작가인 가와바다 야스나리(川端康成)씨를 포함한 많은 작가, 언론계의 발기로 세워졌다. 일본 개화기 이후의 신문, 잡지, 동인지, 각종 작품집, 저서 작가의 소장품, 일상 생활용품 등이 완벽하게 소장되어 일본 국내의 연구자는 물론 세계의 연구자들의 발길이 줄을 잇고 있다. 일본의 지방 소도시인 홋가이도의 오다루시(小樽市)에도 '오다루 시립 근대박물관'이 있어 일본근대문학 연구 자료의 집산지가 되고 있다. 그 외 지방 중소 도시에 그 지역 출신의 문학관은 여러 곳에 있다.

미국 맨해튼 중심가에 위치한 '피어폰트 모건 도서관'은 문학 관계 서적은 물론 많은 자료가 보존 되어 있다. 문화박물관을 겸하고 있다. 작가들의 저서는 물론 디킨스의 『크리스 마스 캐럴』의 육필원고 다윈의 『종의 기원』 1480년 출판된 『보카치오』 원본 등이 보존되고 있다. 필라델피아와 뉴욕에 '포 기념관'이 있다. 이곳은 『검은 고양이』 『모르그가의 살인』 등으로 유명한 작가 E. A.포의 문학관이다. 이곳에는 포의 작품에 심취한 많은 사업가들이 구입하여 보존한 자료를 기증하여 정리하고 있다. 그 외 미국의 역사적 문학관은 그 수를 헤아리기 어렵다.

러시아 페테르부르크 쿠즈네츠니 거리에 있는 도스토옙스키 문학기념관은 1878년 그가 살았던 집이다. 이곳에서 『카라마조프가의 형제들』 『작가일기』를 쓴 곳이다. 그의 지팡이, 우산 등 일용품이 그대로 보존되어 있다. 세계적인 관광명소가 되어 있다.

이상에서 몇 나라의 예를 들어 보았지만 개인문학관은 물론이지만 그 나라의 문학의 모든 본산이 될 수 있는 문학박물관의 필요성은 절대적이다. 그나마 문학의 해를 넘긴 오랜 세월 동안 많은 곳에서 개인 문학관이 우리나라에도 개관되고 있다. 한국문학관협회의 자료에 따르면 33곳(2011년)이 개관되어 있다고 한다. 최근 본인의 조사에 의하면 46곳으로 집계한 자료도 있다.

특히 서울 종로구의 영인문학관, 중구의 한국현대문학관은 많은 문학인의 자료를 수집 보관하고 있음은 다행이다. 최근 한국근대문학 1세대(광복 이전 세대)들의 문학관은 출신 지역에 마련되고 있다. 2세대(광복 이후 세대)들의 문학관도 지역에 따라 개관되고 있다. 그러나 자료의 미흡으로 인해 제 구실을 못하고 있는 경우가 많음은 유감이 아닐 수 없다.

국립한국근현대문학박물관의 설립의 필요성도 박물관의 구실을 해야 제 기능을 나타낼 수 있다. 문학인들이 일상으로 사용하였던 모든 자료, 생활용품, 일상적인 창작에 필요한 필기구나 원고의 원본, 작가의 저서 등 그 문학인의 서재가 박물관으로 옮겨진 상태라야 한다.

모든 예술작품의 창작 행위는 창작하는 작가의 일상과 관련을 맺는다. 미술관이나 서예관에서 그 창작한 작품과 더불어 창작한 작가를 동시에 연구의 대상이 되고 감상의 여건이 되는 것이다. 특히 문학의 연구 과제는 문학인의 일상의 삶의 요인과 함께 창작의 배경 속에서 탄생한 작품의 세계를 탐색하는 것이다.

우리나라 근대 문학의 초석을 마련하였던 많은 문학인은 세월의 흐름에 따라 멀리 떠나고 있다. 그들이 남긴 수많은 작품과 그 산실을 보호하는 것은 후손의 책임이다. 한국근대문학 백년의 길고 긴 역사를 말하면서 그 백년을 말할 수 있는 '국립한국근현대문학박물관'이 보이지 않는다는 것은 무슨 이유로도 국가의 수치가 아닐 수 없다.

희귀한 『전시생활』 독본

요즘 말로 초등학교 6학년 때, 6·25라는 전쟁을 겪었다. 얼마 지나지 않아 공산군은 남하를 거듭하다가 내가 살고 있는 남쪽 바다 도시 마산의 인근까지 쳐들어왔다. 밤이면 뒷산 너머에서 포성이 울리는 불안의 연속 속에서 살았다. 유엔군의 낙동강방어작전 성공과 인천상륙작전의 승리가 아니었으면 어찌되었을까.

부모님을 따라 고향으로 보낸 피난 짐을 찾으러 함안 쪽 논둑길을 가면서 길옆에 널브러진 국군과 유엔군 인민군의 시체를 보면서 공포와 두려움에 울먹이며 부모님의 가슴에 머리를 묻었던 기억이 어렴풋 생각난다.

'아, 아, 잊으랴. 어찌 우리 이날을…' 전쟁은 참혹한 것이다. 북한 공산군은 이 참혹한 전쟁을 같은 동족에게 총부리를 겨눠 쏘았던 것이다. 이러한 전쟁의 분노는 이 땅에 살아가는 모든 삶은 물론 세계의 여러 나라에게 고통과 죽음의 수라장으로 만들어 버렸다.

이 전쟁의 와중에서 우리 정부는 초등학생에게 전쟁의 실상을 알리고, 정신적 무장을 해야 한다는 필요성을 인식해 임시 전시독본을 만들어 가르쳤다. 당시로서는 대단한 발상이 아닐 수 없다.

나에게 6·25전쟁 다음해인 58년 전인 단기 4284년(서기1951년) 당시 문교부에서 발행한 국민학교 5, 6학년용 『전시생활』 3권이 있다. 책이래야 A4용지 반절 크기 30여 페이지 밖에 안 되는 그저 접어서 풀칠한 보잘것없는 전시독본이다. 6·25전쟁 다음해에 학생들에게 전쟁의 상황을 알리기 위해 만들어진 일종의 교재 형식이다.

세 권 중 3-1은 '북한 공산군이 남한으로 쳐들어온 내력'이라는 책 제목을 볼 수 있고, 3-2는 '국군과 유엔군은 어떻게 싸웠나?' 3-3은 '우리도 싸운다'로 되어 있다. 첫 권(3-1)의 첫 머리에서 북한군이 쳐내려온 내용으로 '4283년 6월 25일! 북한 공산군이 남한으로 쳐들어왔다는 소식이 전해지자, 남한 사람들은 모두들 이 뜻밖의 일에 놀라지 않을 수 없었다. 몇 해를 두고 불안스럽게 생각하던 일이 정말로 눈앞에 벌어지매. 장차 이 일이 어떻게 될 것인가에 대한 불안은 이루 말할 수 없었다.'로 시작하여 '북한 공산군은 오랫동안 계획을 세우고, 준비를 하여 오다가, 마침내 6월 25일 이른 아침. 탱크 160대, 비행기 180대의 감싸줌을 받는 19만 대군을 동원하여 남한으로 쳐들어왔던 것이다.'라는 구체적인 내용과 우리를 도운 유엔군의 활동과 군대를 보내고 물자를 도와준 나라들의 이름을 설명하고 있다. 둘째 권(3-2)에는 전쟁의 상황은 물론 후퇴와 진격을 하는 나라 안의 일과 국군과 유엔군의 전쟁 상황과 흐름을 알려주고 있다. 셋째 권(3-3)에는 학생들에게 전쟁의 참상에서 어떻게 정신적인 무장을 해야 하느냐를 가정에서 행해지는 예화를 이야기 식으로 풀이하고 있다.

이 희귀한 책을 대하면서 당시 초등학교 6학년이었던 나 자신 직접 목격한 피난 행렬과 참혹한 죽음의 기억을 더듬을 때, 그 당시에 대한 생각은 어떠했을까. 학교 교실은 국군들이 사용하는 병원이 되고 우리는 산과 들로 다니며 야외수업을 했던 시절, 아직 우리의 현실은 남북의 분단 속에서 언제 무슨 일이 발생할지 모르는 상황 속에서 생활하고 있다.

이런 상황에서 많은 문학작품은 이를 외면하지 않았다. 황순원, 선우휘, 김원일, 조정래 등 많은 작가들의 작품에서 전쟁의 아픔을 읽을 수 있으며, 앞으로도 한국문학은 이 전쟁의 참상을 구석구석 찾아내어 고발하고 기록하는 문학작품을 남겨야 한다. 어쩌면 문학작품이란 역사의 영원한 동반자이기 때문이다.

기다림의 마음수양

역사의 흐름이란 참 묘한 부분이 많다는 것을 실감할 때가 많다. 과거 우리는 너무나 못 살았기에 '우리도 한번 잘살아 보자'고 온 나라가 잘살기 운동을 벌였던 때가 있었다. 그때 많은 근로자들은 시간 외 수당을 받기 위해 일자리에서 일어날 줄을 몰랐다. 일이 좋은 일 나쁜 일의 구분을 할 틈이 없었고 그저 많이 시켜주는 것이 고마웠다.

굶주림이란 얼마나 고통인가를 실감했기에 일자리에서 벌어오는 돈은 아끼고 아끼면서 쪼개가며 사용하였다. 원래 돈이란 어렵게 번 돈은 아끼면서 쓰는 법이고, 쉽게 번 돈은 쉽게 쓰는 법이다. 돈 벌기에 바쁜 시절이라 휴가란 말은 없는 것이나 마찬가지였다. 휴가보다는 먹을거리에 대한 집착에 더 마음을 빼앗기고 있었다. 그만큼 못 살았던 것이다. 불과 삼십여년 전의 이야기라면 어떻게 받아들일까.

그러나 한 가지 생각할 문제가 있다. 이 당시에는 사회적 도덕성은 결여되었다고 하더라도 인간적 도덕성은 이상적이었다.

웃어른을 모실 줄도 알고 섬길 줄도 알았다. 이웃 간의 화목은 친형제나 다를 바가 없었다. 길에서 좌측통행은 물론 길을 스치면 먼저 길 가장자리를 양보해 주는 기본 미덕은 있었다. 자동차에서 어른에게 자리를 양보하는 것은 당연한 도리라고 여겼다. 이웃 간에 새로운 음식이라도 만들면 나누어 먹는 것이 정상이라고 생각했다. 이웃에 어려운 일을 당하면 누구라 할 것 없이 서로서로 도왔다. 비록 가난하게 못 살아도 인심만은 후한 시절이었다.

역사는 우리를 새로운 국면으로 옮겨 주셨다. 삼십여 년 전 우리도 한번 잘 살아보자고 온 국민이 소망하였던 기원을 들어주셨다. 경제성장이 이루어지고 있으며 세계의 선진국에 오르게 되기를 갈망하고 있다. 조선기술이나 자동차의 생산성이 높아가고 있다. 국가신뢰도 역시 높아간다고 즐거워하고 있다. 이 얼마나 다행스럽고 고마운 일인지 모른다.

이러한 경제적 성장에 따르지 못한 아쉬움이 한 가지 있다면 국민의 도덕적 불감증이다. 국가경제성장과 새마을운동에 의한 농어촌 개량사업의 성공은 이루어졌지만 국민의 도덕적 의식의 개혁은 실현시키지 못했다. 우리 국민 속에 잠재해있는 장단점을 의식의 혁신으로 이루어질 수 있는 시기를 빈번히 정치의 미숙으로 실현되지 못했다.

세계는 눈앞이 빙빙 돌 정도로 변화를 거듭하고 있다. 이러한 변화가 우리에게도 어김없이 찾아오고 있는 것이다. 우리의 삶의 여건은 눈으로 보기에는 좋아진 것 같다. 흥청만청 돈 쓰는 실력이 이만저만 아니다. 이에 비례해서 염려를 금치 못하는 것은 국민이 지녀야할 도덕적 향상이 이루어지지 않는다는 점이다.

못사는 나라에서 잘사는 나라의 범주에 들었으면 국민의 도덕과 의식의 수준도 잘 사는 나라의 범주에 들어야 하는 것이다. 이것이 도저히 되어지지 않으니 안타까운 노릇이다. 우리는 주변 국가에 여행을 다니면서 잘 사는 나라의 폼은 다 나타내는 모양이다. 그러나 그 도덕적 수준은 국가의 체면이 말이 아닐 정도로 신문에 자주 오르내린다.

여행이란 하나의 휴가다. 휴가라면 그 휴가의 기본 골격에 맞도록 인간적인 품위를 지닐 줄 알아야 한다. 개인만이 향유하는 여행이 아니기에 최소한의 지켜야할 공중의 도덕은 지켜져야 할 것이다. 우리 국민은 너무 갑자기 부유해졌기 때문일까. 이젠 과거에 지녔던 인간적 도덕성마저 무너져가고 있으니 이를 어떻게 치유해야 할까.

얼마 전 총무처에서는 공무원들에게 토요격주 휴무제를 실시한 결과 삶의 질이 높아졌다고 보도되고 있다. 그들은 휴가를 적절히 활용할 줄 알고 새로운 휴가의 개념을 마련한다고 했다. 그만큼 우리에게도 이젠 삶의 고통에서 삶의 질을 따지는 시대로 접어들고 있다고 생각할 때 그 감회가 새로울 수밖에 없다. 특히 노년층의 사람들에게는 지난 삼십여 년이 과거로만 느끼지 않을 것이다.

그렇다면 오늘날 우리에게 휴가란 무엇인가.

휴가는 그야말로 휴식으로서 그 질을 높여야 할 것이다. 경제적 여유만큼 사람들은 이젠 휴식의 여유를 찾고 누리고 싶어 하는 것이다. 삶의 질과 휴식의 질을 같은 비례에 놓아야 할 것이다. 그렇다면 그 비례에 걸맞은 인간적 도덕의 규범도 지닐 줄 알아야 한다. 그것은 개인의 도덕적 규범은 물론 다중이 함께 지녀야할 규범 즉 공중도덕을 가장 먼저 생각해야 한다. 공중도덕은 많은 사람이 살아가는 사회의 질서이다. 우리가 최소 최대의 질서를 지키지 않는다면 나 아닌 타인, 그리고 주변의 일상과 생활할 수 있는 자질이 부족한 사람으로 멸시를 받게 된다.

우리가 가끔 신문 지상에서 우리나라 일부 사람들의 도덕적 자질이 오르내리는 것을 보고 이를 흥분하는 것은 무엇 때문인가. 나는 그렇지 않다고 스스로 나올 사람 얼마나 될까.

경제성장국으로 발돋움하는 우리나라에 손색없는 도덕적 인간으로 탈바꿈해야 한다. 그러한 것은 지금 나부터 실천에 옮기는 일이다. 이러한 맥락에서 이번 여름휴가야말로 나의 도덕적 규범 나아가서 다중이 바라는 공중도덕의 실행을 실험하는 계기가 되어야 한다.

첫째 나와 나의 가족은 남의 잘못을 비판하기보다 그 잘못에 대한 나 자신을 되돌아본다. 대부분의 사람들은 남이 잘못한 점은 잘 발견하면서 그러한 행위를 자신은 어떻게 처리했는가를 생각하지 않는다. 우리는 곧잘 남의 흉은 잘 보면서 자신의 허물은 관대하다. 그 관대함이 결국 많은 사람에게 피해를 주고 있음을 인식해야 한다.

둘째 많은 사람이 공유하는 공공의 장소에서는 자신의 행위가 다른 사람에게 어떤 피해를 주고 있지 않나를 생각해야 한다. 특히 최근 금연 장소가 많이 생겨나고 있다. 담배 한 모금쯤이야 하는 순간의 생각이 공중도덕을 파괴하고 있음을 알아야 한다. 질근질근 씹는 껌 한 입쯤이야 입으로 휙 뱉으면 어떠랴 하는 생각을 버려야 한다. 요즈음도 지하철 대합실 바닥의 껌 조각을 떼어 내고 있는 서글픈 모습은 우리 의식을 슬프게 한다. 그뿐인가. 우리의 만성적인 고질병 담배꽁초 하나 처리 못하는 우리의 국민병을 저주해야 한다.

넷째 이 휴가철에는 누구나 할 것 없이 많은 사람과의 접촉이 이루어지게 된다. 이럴 때일수록 느긋한 마음 수양이 절대로 필요하다. 분명히 많은 인파 속에서 짜증스러운 때가 한두 번이 아닐 것이다. 마음이 선의 경지에까지 끌어 올려야 한다. 모든 것이 다 기다리고 줄서고 천천히 이루어지는 연속이 계속될 것이다. 얼마나 질기게 기다림의 수양 여부에 따라서 자신의 인간적 도덕성의 평가를 높게 받을 수 있을 것이다.

이제부터 우리는 우리의 기본 권한인 규범의 틀 속으로 묶이어 보자. 우리도 이젠 일등국민으로서의 기반을 다지자. 나 자신 많은 사람과 공동의 자리에 설 수 있는 자질을 갖추고 있는가를 스스로 자문해 보자. 그리고 인간적 만점, 도덕적 만점을 자랑할 수 있는 위상을 세울 때가 되었다고 본다.

사족으로 이번 휴가철에 철저히 지켜야 할 열 가지 공중도덕을 열거해 보자.

(1) 누가 어떻게 하든 도로에서 갓길을 살리자.

(2) 휴게소에서 물건을 버릴 때 분리함에 넣자.

(3) 공공의 캠프 장소에서 쓰레기는 절대 땅이나 돌 틈, 모래사장에 파묻지 맙시다.

(5) 캠프, 민박, 다중이 있는 장소에서는 개인적 일을 자제합시다.

(6) 담배꽁초, 껌, 과일껍질, 과자 봉투 등 처리를 잘합시다.

(7) 계곡에서 비누를 사용해서는 안 됩니다.

(8) 어떠한 장소에서 철수 시는 다음에 오는 사람을 생각해서 나의 흔적을 남기지 맙시다.

(9) 돌이나 벽에 그리고 나무에 낙서를 해서는 안 됩니다.

(10) 다중이 사용하는 곳에서는 나는 물론 다른 사람도 즐겁다는 마음을 가질 수 있도록 모든 점에 유념해야 합니다.

인권과 표현의 자유

우리의 국력이 힘을 얻자 세계가 열망하는 각종 대회나 모임이 우리나라에서 개최되고 있다. 국가 정상회담이나 올림픽 등이 그것이다. 지난 9월에는 세계문학인들이 국제PEN대회 총회에 참가하기 위해 24년 만에 또 다시 우리나라에 모였다. 노벨 수상자를 비롯하여 각 나라의 국제PEN센터의 대표는 물론 수많은 문학인들이 모인 행사는 보기 드물게 장관을 이루었다.

경상북도 경주에서 제78차 국제PEN대회의 막이 오른 것이다. 세계문화유산으로 지정된 도시에 세계 90여 나라의 문학인 250여 명과 국내 문학인 500여 명이 참가한 유례없는 뜻 깊은 세계 대회가 지난 9월 10일 11시 현대호텔 컨벤션홀에서 개막식을 가졌다.

'문학, 미디어 그리고 인권'이라는 주제로 열린 이번 대회에서 오프닝 '샌드애니메이션'의 검은 그림자의 형상 이미지가 내포하는 미디어와 인권이라는 의미를 차가우면서 교합되는 질문을 던져주는 오프닝 프로그램이었다.

이날 개막식에서 이길원 한국본부 이사장은 "표현의 자유 없이는 문학은 물론 국제적 문화협력과 이해 증진도 이루어질 수 없다고 봅니다." "21세기 발달된 미디어는 지구촌 민주화에 결정적 역할을 하고 있습니다." "대한민국은 세계 유일한 분단국가입니다. 민주주의 체제하에서 고속 경제 성장을 이룬 남한은 인권을 거론하며 국제PEN대회를 개최하고 있는 반면, 군사독재정권인 북한은 기본 인권은 물론 얼마나 많은 작가들이 투옥되고 살해되었는지조차 알 수 없는 나라가 되었습니다."라는 문학과 미디어와 인권을 일깨우는 환영사를 하여 참석한 문학인의 박수를 받았다.

이어서 국제PEN 존 롤스톤 소울 회장은 '유네스코 세계문화유산으로 지정된 경주의 양동마을은 6세기 전 조선시대로 거슬러 올라가는 인본주의 유교의 고향으로 유명한 지역'임을 지적하면서 "우리는 역사 속에서 살면서도 역사를 뛰어 넘고 싶어 합니다. 역사 속과 그 너머 둘 다에서 사는 것이 진정한 호메로스의 오디세이이며, 영웅적인 정의 탐구이기 때문입니다." "경주총회는 우정과 문학, 토론과 근본적인 통합의 장입니다."라는 개회사를 함으로 이번 대회의 깊은 뜻을 암시하였다. 계속하여 최광식 문화체육관광부 장관, 김관용 경상북도 지사, 최양식 경주시장의 축사에 이어 '한글과 한국문학'을 알리는 주제영상을 통해 세종대왕이 창제하신 한글의 우수성을 다각도로 알리는 계기가 되었다고 본다.

개회식 이후 이어령 문학평론가의 기조강연에서 '가장 오래된 미래의 길'이라는 제목으로 '인간의 정신에 고착된 이항대립의 구조'에 대하여 구체적 예시를 제시하였으며, 화랑에 대하여 "자연과 인간' '문과 무' '정신과 육체' 그리고 개인과 공동체의 상반하는 모든 경계선을 허무는 이상적인 젊은 리더들'임을 설명하면서 '문인들 역시 언어라는 매체를 통해서 꿈꾸어 온 구조에서 벗어나고 해체하고 넘어서려는 언어의 힘'임을 특유의 비유로 이야기함으로써 많은 문학인들의 공감을 사고 있다.

오찬 이후 이어진 기조강연에서 1986년 노벨문학상을 수상한 나이지리아 작가 월레 소잉카의 '마법의 등불'이란 제목의 강연에서 '권력의 영역은 경계를 설정함으로 실현되는데 그 영역은 물리적인 것과 눈에 보이지 않는 상상적 영역도 있음'을 경고하면서 권력은 이를 지배하고 통제하려고 혈안이 되고 있으며 '변화를 추구하는 지성에서 나오는 더욱 광범위하고 원초적인 도전은 얼마나 위협적일까'라는 화두를 제시하면서 결론으로 '나는 창조한다. 고로 나는 존재한다.'라는 뜻있는 명언을 남겼다.

이어 2008년 노벨문학상 수상작가인 프랑스의 르 클레지오의 '커뮤니케이션은 자연스러워야 한다.'라는 기조강연에서 '문학은 그 리듬, 진동, 변화에 바탕을 두고 있으며 문학이 얻는 것은 기술보다는 신비에 더 접근하는 것이다.'라고 의미를 확대하고, '미디어의 이미지나 간단한 정보와는 반대로 문학은 시간과 문화를 융화하며, 인간 생활을 초월하는 것을 창조하는 것'임을 강조하였다.

이번에 개최된 국제PEN대회는 1970년과 1988년에 이어 24년 만에 우리나라에서 개최하게 된 자랑스러운 대회이다. 김동리 소설가와 박목월 시인의 향기를 품고 있는 경주시에서는 이번 국제PEN대회를 기념하고 대회에 참가한 문학인들의 영원한 추억을 남기기 위해 디자인벤치를 제작하여 이를 유네스코 문화유산으로 지정된 월성지구 첨성대에 설치한다고 한다. 이 벤치에는 시민들의 이름으로 존 톨스톤 소울 국제PEN본부 회장, 노벨문학상 수상자인 월레 소잉카, 르 클레지오, 이길원 한국PEN 이사장의 이름과 함께 '경주는 당신을 영원히 기억할 것입니다'라는 문구를 남겼음은 이번 대회의 위상을 높이고 있음을 알 수 있다.

특히 이번 대회에서 핫이슈가 된 것은 주제 자체의 깊은 통찰적인 의미도 있지만 '인권'이라는 명제가 주어짐과 동시에 그 인권의 문제와 함께 북한 문학인에 대한 관심의 문제가 더욱 부각되었다는 점이다. '망명북한작가펜(PEN)센터'의 출범은 세계적인 토픽이 되고 있음은 우리나라가 처한 분단국가의 아픔을 일깨우는 계기를 마련했고 문학작품에서 표현의 자유가 얼마나 중요한 것인가를 알려주는 계기가 되었다고 할 것이다.

탈북작가 29명으로 구성된 망명북한작가펜센터가 표현의 자유 수호를 추구하는 문학단체인 국제펜에 가입하게 된 것이다. 9월 14일 오전 제78차 국제펜대회 총회에서 총회에 참가한 86개국

전원의 찬성으로 만장일치 가입 안이 통과되었음은 문학이 지니는 표현의 자유의 중요성을 입증하는 뜻 깊은 대회임을 세계에 알리고 있다.

개막식 다음날에 개최된 문학 포럼 '표현의 자유와 미디어'의 발표에서 요덕수용소 출신 탈북문인 김영순 작가와 탈북작가 도명학 작가의 발표는 발표장에 초만원을 이룬 많은 문학인의 마음을 아프게 하고 실상의 참혹한 체험에 모두들 눈시울을 적시게 하였다. 우리나라에서 상연되고 공연한 '요넉스토리'의 실제 인물이 이날 발표자로 참가한 김영순 작가임을 알고 저녁에 경주 예술의 전당에서 뮤지컬 '요덕 스토리'를 관람하면서 혹독한 참상을 겪은 작가의 아픔과 고통의 실상을 세계 작가들은 무거운 침묵으로 아픔을 달랠 뿐이었다.

김영순 작가는 "김정일의 처이며 김정남의 생모인 성혜림과는 동갑으로 여고 시절부터 대학까지 동기동창입니다." "저가 성혜림을 알고 있다는 사실만으로 하루아침에 온 가족 8명이 요덕수용소에 갇히게 되었고, 요덕에 입소 후 친부모님이 굶어서 돌아가셨습니다."라고 애절하게 북한에서의 가혹하고 혹독한 참상을 이야기하면서 눈시울을 적셨다. 도명학 작가 역시 그가 겪은 고문의 참상을 설명하면서 머리를 비우라는 호통에 실제로 머리를 바닥에다 비비면서 눈물겨운 고통의 실상을 재현 할 때 많은 문학인들은 자신이 겪는 듯 눈을 적시는 모습이 보였다. 앞으로 망명북한작가펜센터가 북한의 작가들에게 표현의 자유를 찾을 수 있도록 많은 노력이 기대 된다.

포럼에서 재일 한국인 작가 유미리 씨가 참석해 2002년 첫 소설 『돌에서 헤엄치는 물고기』가 최고재판소에서 출판금지를 당하고 일본 독자들의 많은 항의를 받았던 사건을 회고하면서 표현의 자유가 얼마나 중요한가를 일깨우는 강연이었다.

우리나라 현역 평론가 장윤익과 임헌영의 표현의 자유를 억압했던 과거 우리나라의 실상을 소개하기도 했다. 다만 아쉬운 점은 표현의 자유와 인권에 관한 토론은 많았지만 미디어에 관한 주제 포럼이 미약했다는 점이다.

또한 문학 포럼 '시조'에서 하버드대학교 한국문학 교수인 데이비드 맥켄 교수의 '시조의 한류? 북미의 시조 습작과 소재, 출판에 대하여'와 네팔 펜 회장인 람 쿠말 펜다이의 '시조, 마음의 울림과 시적인 힘의 예술' 등에서 우리 한국 전통 시조가 지니는 무한한 가능의 세계를 예시하면서 그 중요한 장르임을 강연하였으며, 한국의 홍성란 시조시인의 발표에서 한국시조가 지니는 리듬 형식에 대한 예시를 여러 작품을 통하여 보여 준 점도 좋았지만 한국 시조만이 지니는 위상과 시조가 변화되는 형식의 기술 방법 등도 보충되었으면 외국 회원들에게 보탬이 되지 않았을까 한다.

그리고 평화작가위원회, 번역, 언어관리위원회, 여성작가위원회, 투옥작가위원회 등 각 위원회의 분과회의 역시 서로의 의견과 토론으로 문제를 풀어가는 각국의 위원들의 진지한 모습도

성과의 하나라고 본다. 많은 참석자들은 각자 관심 분야의 분과를 찾아가 자유롭게 경청하고 토론과 발표를 하는 모습이 퍽 이채로우면서 표현에 대한 또 다른 소득이라고 본다.

뿐만 아니라 '나의 삶 나의 문학'에서 국제펜회장과 노벨상 수상작가, 한국의 고은 시인의 자신의 문학적 감성과 문학이 나에게 다가온 문제에 접근하여 들려준 이야기도 새로운 감동의 순간이라고 할 것이다. 시낭송과 가야금, 대금연주 등 빈틈없는 순서에 따라 이동하면서 참가하는 회원들의 진지한 모습 또한 좋은 추억으로 남을 것이다. 부대행사로 북사인회에서도 한국의 김후란 시인과 이문열 소설가, 노벨상 수상작가 월레 소잉카, 르 클레지오, 그리고 재일한국인 작가 유미리의 사인회도 많은 참가자들이 작가로부터 서명을 받기 위해 줄을 서서 기다리는 모습도 새로웠다.

많은 참가자들은 이번 한국펜대회는 철저한 구성과 조직으로 빈틈없는 완벽한 대회라는 찬사를 아끼지 않는 것을 보고 그 놀라움을 금치 못하고 있는 실정이다. 서울에서 출발하는 회원들도 서울역에서 KTX를 승차하기 위해 수백 명이 몰려오는 것을 본 다른 여행객들이 바라보는 눈초리는 더욱 재미있는 풍경이었다. 돌아오는 열차에서 총괄위원회 성춘복 위원장으로부터 "세계 십여 군데 펜대회를 다녀 보았지만 이렇게 완벽하고 철저한 대회는 이번이 처음이다."라는 극찬을 들으며 열차 안에서의 즐거운 담소도 이번 펜 대회의 또 하나의 수확이면서 회원 상호간에 유대를 돈독히 하는 계기가 되었다고 할 것이다.

중간 중간에 있었던 휴식 시간에 모처럼 각 지역에서 참가한 문학인들끼리 인사를 하고 담론을 나누며 즐거운 시간을 보내는 모습 또한 이번 대회의 아름다운 그림이었다. 찻집에서 차를 마시고, 호텔 뒤의 호수 변을 산책하며 이번 대회의 주제가 지니는 의미와 탈북 문학인에 대한 또 다른 표현의 자유가 갖는 의미를 되새기기도 하고, 국외에서 참가한 문학인과 명함을 교환하면서 대회가 종료된 후에도 서로 교감을 나누기를 약속하며 손을 맞잡는 인정스러움도 국제PEN대회가 안겨준 소득이며, 인간과 인간, 문학과 문학, 작가와 작가의 자유로움을 가져다준 선택의 시간이었다.

이번 행사를 위해 많은 정성을 쏟으신 집행부 여러분들의 노고에 감사한다. 그리고 성공적으로 이루어낸 제78차 국제PEN 경주대회에서 물심양면으로 도움을 주신 관계 기관에 대해서도 고마운 마음을 기록으로 남긴다.

손정순 교장선생님

1970년 3월 중순쯤, 마산에서 교편 생활하는 나에게 서울의 김재영 선생으로부터 한 통의 전화가 왔다.

"서울로 자리를 옮기지 않겠느냐?"는 것이다. 학기가 시작되었기 때문에 생각지도 않은 제의에 나도 일심 놀라워했다. 김재영 선생은 나와는 고등학교 동기동창에다 너무나 가까운 친구였다. 그러면서 하는 말인즉,

"너는 문학을 하니까 서울서 생활해야 활동범위가 넓어질 거니 당장에 오도록 해보자."는 것이다. 나는 즉시 상경할 것을 약속했다.

서울 도착 후 창신동의 학교에서 김재영 선생을 만나 손정순 교장선생님 방을 방문하였다. 처음 보는 손교장 선생님은 너무나 인자하여 나를 기쁘게 맞이하여 주시면서 이력서를 받아 읽으시면서 "아이구, 문학평론가이시네요?" 하면서 4월부터 부임해 줄 것을 약속해 달라고 했다.

나는 사실 시골에서 상경한 경상도 억양의 국어선생이라 무척

걱정이 앞서 있었다. 서울 가시내들에게 국어 수업을 할 수 있을까. 내심 걱정을 하면서 4월 부임했다.

창신동 동덕여고 국어교사가 된 나는 첫 수업에서 경상도의 거친 발음과 억양 때문에 힘들어했을 학생들에게 감사와 고마움을 느낀다. 내가 시작품을 읽으면 그 억양을 흉내 내는 학생들의 웃음소리가 귀에 쟁하다. 문예반을 맡으면서 각종 백일장에 참가하여 학생들이 장원상도 받고, 입상하여 조례 때 수상자들이 전교생 앞에서 상장을 받는 모습이 지금도 눈앞에 나타난다. 본관 앞 작은 정원에서 시화전을 몇 차례 할 때 조용각 이사장님께서 나오셔서 격려하여 주신 일, 서서히 동덕 문예반의 명성이 높아가는 시기였다.

무엇보다도 손정순 교장선생님은 문예반에 대하여 남다른 관심을 가져 주시어 백일장에 참가할 때는 교장실에서 격려의 말씀까지 하여 주시는 등 잊지 못할 어른이시다. 당시 유명문인을 초청하여 강의를 듣고 『동덕』 교지를 매년 발행하였다. 교지 편집실이 식당가는 길 쪽 작은 쪽방이었다. 그래서 우리 시단에 큰 활동을 하는 이진명 시인, 김금용 시인 등 많은 문인이 탄생했다.

각 대학에서 실시하는 백일장은 물론 서울의 사회단체에서 개최하는 백일장에서도 두각을 나타냈다. 문예반 학생들이 서울의 숲이나 공원을 찾아가서 시를 쓰고 시를 읽기도 하는 모임은 퍽 인상적인 일이라 생각한다.

동덕불교학생회의 창립은 우리 불교학생운동의 선봉이 된다. 김재영 선생의 발상과 구체적인 안으로 창립을 하게 된다. 김재영 선생과 나와는 고교 시절 마산에서 우리나라 최초의 불교학생회를 창립하는 일원이 되어 운영한 경험이 있다. 매주 법회를 하면서 유명 인사를 모셔 와서 설법을 듣고, 방학 중에는 지역 사찰을 며칠씩 찾아가서 수련회를 가지는 등 학생들의 열성은 물론 고인휘 선생, 홍영진 선생, 박종오 선생의 열정은 대단했다. 그때의 동덕불교학생회의 활동은 전국의 귀감이 되었다. 김재영 지도교사 역시 우리 불교 종단의 포교사이면서 지난해에는 '초기 불교의 사회적 실천에 관한 연구'로 박사학위를 받았다.

창신동 시절의 동덕여고는 정말 훌륭한 선생님들이 많이 계셨다. 문학에 대한 열정을 아끼지 않으신 임신빈 선생님은 오래전에 문단에 수필가로 등단하여 수필집까지 내셨다. 그리고 최근엔 다시 제2수필집을 발간하기 위해 한 권 분량의 수필을 나에게 메일로 보내주면서 이를 발간하려는 집념에 고심하였다. 그러다가 오랜 질환이 있다는 사실을 숨기고 책 발간을 준비하다가 지난 2월에 갑자기 작고하셨다. 가족에게 고인의 강렬한 뜻이니 수필집 간행을 말씀드렸으나 고인의 뜻은 실현되지 못하고 있다. 역시 수필가이신 문부자 선생님의 활동도 최근 활발하시고, 시인 오수일 선생님, 화가 허계 선생님은 더욱 많은 작품을 품고 계시는지? 시인 민용환 선생님, 호탕하신 구경서 시인의 목소리가 듣고 싶다.

사실 나는 대학 졸업과 동시에 마산제일여자고등학교에 국어 교사로 자리를 잡은 지 5년여 세월이 흘렀고 그곳에서 재단 이사장님과 너무 큰 사업을 70년도에 들면서 펼쳐놓은 상태라 서울로 학교를 옮긴다는 것은 주저하지 않을 수 없었던 것이다. 그 사업은 '한국근대문학관'을 만들자는 제의를 받아주신 이사장님의 고마운 뜻을 저버려야 했기 때문이다. 그래서 연초에 1차 사업으로 전국문학인에게 육필을 써주기를 요청하면서 그것이 접수가 되고 있는 상황이었다. 월탄 박종화, 김동리 소설가, 서정주 시인 등 수백 명의 문학인의 육필이 접수되고 있었다. 고민을 거듭하다가 나 자신의 진로를 위해서 서울행을 결심하게 된 심정은 괴로움과 또 다른 희망이 교차하는 힘든 일이었다.

이사장님께 자초지종 말씀드렸더니 너무 낙담하면서 '한국근대문학관' 일은 어쩔 거냐고 걱정이시다. 조선생을 위해서는 서울로 가야 하지만 이사장님 자신도 몇 년 후에 대학을 설립할 거니 그만 여기 있다가 대학으로 옮기면 되지 않느냐고 설득하신다.

아마 그때 나 자신이 그대로 마산에서 생활했다면 요즘 한국근대문학 100년이니 어쩌니 하면서 한국문학을 집대성할 '한국근대문학관' 한 곳 없는 나라가 되지는 않았을 것이고 많은 자료가 집대성한 거대한 자랑거리가 되었을 것이다. 지금 생각하면 그 당시 이사장님의 결정이 앞을 내다보는 큰 업적이 되었을 것을 실행하지 못한 죄책감도 든다.

그러나 나는 나 자신을 위해서는 서울 동덕여고로 부임한 것은 무엇보다 오늘의 나를 있게 한 원동력이었음을 부인할 수 없다.

1980년 학기 초 모 전문대학에서 나를 교수로 와 주기를 요청이 왔다. 손정순 교장선생님에게 이 사실을 말씀 드렸더니 서운해 하면서 다음에 4년제로 갈 때까지 그대로 있어 주었으면 한다. 고마운 정을 잊을 수가 없다.

나와 동덕의 정은 그렇게 끝나지 않았다. 그 후 1998년 동덕여자대학교에 문예창작학과를 신설하게 되어 조용각 이사장님의 부름을 받고 문예창작과의 첫 번째 교수가 되어줄 것을 부탁 받는다. 동덕여자대학교에서 그 당시 대학원장으로 계셨던 조상기 교수와 나는 문단에서 형제와 같은 정으로 지내는 사이였다. 동덕여고에서 같은 문학의 동료 교사로서 서로가 친밀한 관계로 지낸 사이다. 서로가 80년 초에 전문대학과 대학으로 자리를 옮기는 계기가 되어 동덕여고를 떠났다. 이번 문예창작과의 교수도 물론 이사장님께 조상기 교수의 소개로 이루어졌다. 6년여간 근무하다가 정년으로 퇴직하게 된다. 동덕과의 정감은 무한하기만 했다. 동덕을 그리는 마음은 손정순 교장선생님, 김재영 박사, 조상기 교수를 생각하게 하는 기쁨으로 기억하기만 하다.

그런 중에 조용각 이사장님의 돌연한 작고와 그 후 조상기 교수의 생각지도 않은 사별은 나에게 큰 충격으로 지금까지 남는다. 나는 두 분의 장례식에서 조시를 읽으면서 명복을 빌며 눈물을 삼켜야 했다.

문학청년 시절의 회상

나의 문학 은사, 문학평론가이며 우리 문학사에 최고의 지령을 자랑하는 월간 『현대문학』(1955년 창간, 2012년 10월 현재 총 694권)의 주간을 맡으셨던 조연현(趙演鉉) 선생님이시다. 호는 석재(石齋)다. 나와 석재선생님과의(이하 석재) 관계는 대학에 입학하고 난 이후 어느 수업 시간이다. 석재의 수업은 언제나 절도가 있다. 먼저 칠판에다가 이 시간에 강의할 내용의 순서를 항목별로 쭉 쓴다. 칠판이 가득할 정도로 써놓고 창가로 가서 담배를 한 개 꺼내 피운다.

학생들은 칠판의 내용을 노트에 담아 적고 있을 때 석재는 창밖을 멍하니 쳐다보며 담배 연기를 멀리 천장으로 뿜어 올린다. 시간이 지났을까.

"다 적었습니까."

말이 떨어지기가 무섭게 또박또박 한 항목씩 짚어가며 강의를 한다. 석재의 문장에서 퍽 논리적이고 합당한 방법으로 이해되듯이 강의의 설명도 논리적이며, 단편적이며, 대칭적 설명으로 문제를 풀어간다.

사실은 이미 석재에게 나의 고향이 석재와 같은 함안이고 학교는 마산서 다녔으며, 같은 함안이 고향인 시인 심산의 제자이며 등을 이미 소상하게 이야기를 한 적이 있고 간혹 강의를 마치면 전차 타는 데까지 같이 걸어서 내려온 적이 여러 번 있었다.

1957년도 어느 초여름쯤인가. 강의가 종강이 다 되어 가는 어느 날일 게다. 동국대학의 언덕길을 석재와 함께 걸어 내려왔다. 대한극장 가까이 왔을 때 석재는 나에게 "조군, 우리 현대문학사로 가지. 점심도 먹고." 그러면서 택시를 잡았다.

종로5가 기독교방송국 건물에 현대문학사가 있었다. 현대문학사는 그때 우리 문학청년에게는 무척 선망의 장소였다. 그리고 감히 우리 같은 문학청년이 그곳에 간다는 것은 생각도 할 수 없었다.

석재는 무척 빠른 걸음으로 앞서 계단을 올라갔다.

사무실 소파에 앉은 나는 멀뚱하게 두리번거리고 있을 뿐이었다. 석재는 사무실 귀퉁이로 가더니 벽에 붙은 문을 밀치고 어둑한 창고 같은 곳으로 들어가서 한참 동안 나오지를 않는다. 나는 탁자에 놓인 현대문학 잡지를 들쳐보며 선생님께서 나오기만을 기다렸다.

조금 후 "어-이, 조군, 이리와 봐." 부르는 소리에 그곳 창고 같은 곳으로 들어가 보니 석재는 지나간 『현대문학』을 여러 권

수북이 쌓아 놓고 이것을 밖으로 갖고 나가자고 한다. 나는 영문도 모르고 사무실 탁자 위로 가져 나왔다. 20여 권은 되는 것 같았다.

석재는 노끈을 가져오더니 열 권씩 묶어서 놓는다.

"이거, 현대문학 이미 지난 것인데 읽으면 도움이 될 거야. 가져가서 잘 읽도록 해라."

양쪽 손에 들고 전차를 타고 무척 힘들게 자취방으로 들고 와서 마구 읽었다.

고등학교 때 현대문학은 학교 도서관에서 띄엄띄엄 읽었기 때문에 이렇게 나의 소유로 많은 책을 얻었다는 기쁨을 주체하기 어려웠다. 나의 현대문학을 창간호부터 모으기 시작한 것은 석재의 힘이 있었기 때문이다. 방학 때에는 이것을 기차에 싣고 고향으로 전부 옮겨서 나의 서재를 꾸며가기 시작했다.

나는 이후 지금의 대학로에 있는 석재의 집을 자주 찾아가서 시집을 빌려 왔다. 빌려온 시집은 전부 필사를 해서 제본을 하여 읽고 또 읽었다. 그때 석재는 그 귀한 책을 싫은 표정 없이 빌려 주시곤 했다. 커피를 손수 끓여주시고 그 커피에 생산지와 맛의 음미 방법까지 일러 주면서 반갑게 대해 주셨다.

나의 동국대학 진학 역시 동국대학의 문학적 명성과 문덕수 선생님이 써 주신 조연현 선생님에게 보내는 소개장이 힘이 되었다. 재학 중에는 조연현 선생님과 서정주 선생님의 강의는 빠짐없이 듣게 되었고 수업이 끝나면 선생님을 따라 현대문학사에 자주 가곤했다.

조연현 선생님은 제자들을 남다르게 돌보아 주시고 지도해 주셨다. 1학년 때였다. 나는 그때 이상(李箱)의 작품에 심취해 있을 때라(실은 이상의 작품은 고등학교 때부터 매력을 느끼고 있었다) 이상에 대한 비평문 「이상 시의 문학적 진단」이란 원고 60장쯤 만들어 학교 학보사에 가져갔다. 학보사 편집장었던 시인 송혁 선생이 이를 3회 나누어 실어 주었다. 이상의 시에 대한 감상적 분석이었고 좀 건방지다 할 정도로 이상 시에 대한 비약적인 글이었다.

어느 날 조연현 선생님께서 수업이 끝나자 나를 찾으셨다. 학교를 걸어 내려오면서 현대문학사에 좀 가자고 해서 따라 갔다. 차를 한 잔 권해 주시면서 학보에 난 글을 보았다면서 시를 하지 말고 평론을 해보지 않겠느냐면서 진지하게 설명을 해 주셨던 기억이 새롭다. 그리고는 이 달의 『현대문학』 잡지를 봉투에 넣어 주었다. 당시의 문학지는 문학 지망생에게는 엄청난 교과서였다.

나의 문학평론은 이렇게 시작되었다. 비평수업을 본격적으로 하기 시작하였고, 책이 부족한 시질이라 서울에서는 조연현 선생님 댁을 찾아 열심히 시집을 빌려 밤잠을 설치면서 필사를 하였고, 방학 때는 문덕수 선생님 댁을 수시로 찾아가서 책을 빌려 필사를 하곤 했다. 이때 필사한 책이 무려 백여 권을 넘었다. 지금도 이 필사책을 보면 습작기의 열성에 감회가 새롭다.

나는 추천에 대비한 첫 응모작품의 텍스트를 이상의 소설 『날

개』로 정하고 이를 구체적 분석과 작품의 구성을 본격적으로 연구하기 시작하였다. 군에 입대하면서 호주머니에 몰래 가지고 간 소설이 이상의 『날개』가 수록된 종이쪽지였다. 아마 군대 생활 2년여 동안 이상의 소설 『날개』를 완전히 외우다시피 하였다. 제대 후 원고 초고를 집필하여 수정과 수정을 반복하였고, 또 다른 평론 두 편을 완성하여 조연현 선생님에게 우송하였다. 수차례의 편지 지도를 거친 끝에 세 편 가운데 이상의 소설 『날개』를 분석한 「날개의 두 표상」이란 작품이 첫 추천작품이 되었다. 두 번째 평론은 형편상 학교를 휴학하고 복학하고 거듭하다가 졸업하는 해에 박경리의 단편소설집 『불신시대』를 분석한 평론으로 추천을 받게 되었다. 두 번째 평론에 대한 완료 심사를 한 후 조연현 선생님은 나에게 다음과 같은 편지를 보내 주셨다.

> 원고를 읽었네. 좀 더 수정했으면 하는 부분이 있었지만 만나서 지적하는 도리밖에는 없음으로 다소 불만한 대로 추천하기로 했네. 마지막 부분과 중간의 어떤 곳에 극히 적은 삭제와 가필을 했는데 그것은 발표된 것을 보면 알 것일세. 사진과 천료 소감(2백자 5매 내외)을 보내주게.
>
> 군의 진출은 내가 오래전부터 마음속으로 기다렸던 것이었음으로 이 편지를 쓰는 나의 즐거움도 자네가 알아줄까.
>
> 趙演鉉 曺君 앞

이때의 감격은 대단했다. 졸업과 동시 얻은 직장인 마산제일여고의 이형규 교장선생님은 마산의 유지를 초청한 가운데 거교

적일 정도로 축하연을 베풀어 주셨다. 이형규 교장선생님은 그 후 나의 문학수업에 음양으로 용기를 주었던 분이다.

이러한 과정에 이르기까지 대학 재학 중일 때의 동인활동을 이야기 안할 수가 없다. 우리는 대학 입학 후 조연현 선생님의 소개로 숙명여대 국문과의 학생들과 만나게 되었다. 동국대학에서는 나를 비롯하여 김병현(재미 시인), 조재혁 등 1957년 서울에서 당시 대학에 갓 입학한 서울시내 각 대학의 국문학과 학생들이 모여 만든 동인이 공백지대 동인이다. 이때의 동인들의 명단을 보면 허영자, 조병무, 박재능, 이세기, 최희숙, 김병현, 이상규, 황정호, 신경식, 오세숙, 조재혁, 김종기, 국채진, 안정환, 이홍만, 고재환, 오선균, 백원배, 김영철 등이었다.

주로 서울대, 숙명여대, 이화여대, 연세대, 고려대, 동국대의 국문과 학생으로 매주 지금의 대학로인 당시의 서울문리대 안의 은행나무 아래 모여 담론을 나누고 격론을 벌이고 하다가 막걸리 집으로 몰려가 술에 곤드레 되기도 하였다.

이들 모임은 첫 번째 모임이 단기 4290(1957)년 11월 12일 오후 6시에 동방문화회관에서 '제1회 문학의 밤'을 개최하였다. 박두진 시인의 축사와 특별찬조 강연에 박연준 소설가와 「현 문학 지향에의 제언」이라는 제목으로 조연현 평론가의 강연이 프로그램에 나타나 있다. 프로그램의 인사말에서 '우수수 낙엽이 지는 계절입니다. 여기 서러운 비를 세워두고 지나간 고인들의 길섶 한 그루 무궁화에 소곳이 모인 꽃망울이 고이 기도를 올립니다. 외로운 기도가 아닙니다. 괴로운 기도가 아닙니다. 우리에게도 올 기약이 있는 흐뭇한 기도입니다. 그러나 누구나 지나는 짧은 삶의 여정이 서글퍼 메아리를 찾아 부끄러움을 감싸며 피여 보려는 욕망입니다. 향기를 피여 보고픈 조촐한 모임입니다.' 라는 제법 인생무상을 느끼는 구절로 되어 있는 것을 보면 전후의 시대적 우울증이 모두에게 도사리고 있음을 느낄 수 있다.

당시의 대부분의 문학 지망생들이 그랬듯이 동인들의 모임이 끝나면 주로 명동 뒷골목의 막걸리 집으로 몰려간다든지 광화문의 비각 옆 골목 속칭 피맛골 입구에 있는 열차 집에서 빈대떡 한 접시 놓고 소주나 막걸리에 취하면서 문학에 대한 토론은 식을 줄 몰랐다.

이 당시 최희숙은 학생의 신분으로 소설 『슬픔은 강물처럼』을 발간하여 장안의 화제를 불러일으키기도 하였다. 이 소설은 당시 프랑스 여류작가 사강이 세계적인 베스트에 올라 있은 때라 최희숙의 작품은 이에 능가했다. 시에 허영자, 박재능이 등단하고 소설에 최희숙, 이세기가 등단하고 평론에 조병무가 등단함으로 공백지대의 활동은 남자들의 군대 입대 등으로 흐지부지되고 말았다.

석재는 60년도 중반인가, 어느 계절에 어떤 여성 잡지사에서 고향방문기를 써 달랬다면서 마산에 오셨다. 그때 나는 마산의 어느 여학교에서 교편을 잡고 있었다. 석재의 편지를 받고 역에서 마산의 많은 문인들의 환영을 받으면서 택시를 대절하여 나와 소설가 김지연씨와 함께 석재의 고향인 함안에 갔다.

아동문학가 이영호씨가 그때 함안에서 교편을 잡고 있었다. 그날 저녁, 이영호씨 댁에서 베풀어진 환영식은 정말 재미있었고, 석재는 초등학교를 같이 다닌 여학생들이 몰려와 옛 이야기를 하면서 "니가 어떻고, 가시나가 어떻고…." 하는 말들에 폭소가 쏟아졌다. 그날 나는 석재의 생가에서 하룻밤을 같이 잠을 청했다.

석재의 인간미는 이와 같이 깐깐한 것 같으면서 소탈하고 인간적이었다.

한 토막의 이야기, 1982년 2월 10일에 이우출판사에서 나온 한국문학평론가협회에서 간행된 『한국문학비평선집』이 있다. 이 책은 그 당시 석재의 주선으로 만든 한국문학평론가협회의 기관지를 C씨가 주축이 되어 처음 만들었다.

이 책의 제일 앞에 서문은 석재가 쓰고 그 끝에 '1981년 12월 일/ 한국문학평론가협회 회장 조연현'이라고 서명되어 있다. 이 책의 298페이지부터 300페이지까시 회원명단이 실려 있다. 여기에 나의 근무처가 'S여사대 교수'라고 되어있다. S여사대 교수라는 명단이 있기까지의 이야기는 다음과 같은 석재와의 관계 때문이다.

그해 10월쯤 어느 날 신문에 S여사대에서 비평가 교수를 모집한다는 광고가 났다. 나는 석재에게 전화로 이 사실을 알리고

K가 그곳에 있으니 나를 소개해줄 수 없느냐고 했다. 석재는 대뜸 "아, 됐어. 그곳에는 K가 결정해. 문제없다. 조군, 염려 말고 기다려." 그러나 나는 걱정이 앞섰다. 며칠 후 석재로부터 전화가 왔다. "이미 다 말해 두었으니 된 걸로 알고 이력서나 보내 놓게." 그러고 얼마나 지냈다. 나는 찾아가 한번 만나 이야기가 되었으면 좋겠다고 이야기했다.

석재는 나 앞에서 K와 전화를 건다. 대화가 순조롭게 진행되고 저쪽에서 걱정 말라고 하는 모양이다. 전화를 놓고 석재는 "봐, 다 되었다고 하잖아. 복잡하게 하지 말고 이젠 갈 준비나 해, 나 일본 좀 갔다 올 일이 있으니 갔다 와서 한번 만나보자. 여하튼 잘 되었어 축하한다."

석재는 1981년 11월 24일 일본여행 중 뇌출혈로 별세하셨다. 『한국문학비평선집 제1집』의 책이 그 다음해 2월에 나오고, 채용불가 문서가 나에게 날아왔고, 회원주소록에는 근무처가 박혀 나오고, 편집을 맡은 ㅊ씨 왈 "이 책이 3월쯤 나온다니까. 석재께서 회원명단 초고를 보드니 그렇게 고쳐 주었어. 그때쯤 이 사람은 그 대학에 가 있을 꺼야."

석재는 그때 그와의 약속이 이루어져 있으리라 믿고 지금도 면 하늘나라에서 쳐다보고 계실 것이다.

마산포교당에서 맺은 불연

나와 불교는 1954년부터 1962년경까지 보여준 불교정화운동과 관련이 있다. 그때 고등학생으로서 나의 집과 가까운 곳에 자리 잡은 마산불교포교당은 불교정화운동과 밀접한 관련이 있다. 대처승들이 자리한 포교당이 불교정화운동의 거점이 되었던 곳이다.

불교정화운동은 한국불교 전통 재건과 불교근대화운동을 내용으로 하는 불교 내 자정운동이라고 할 것이다. 직접적인 계기는 1954년 5월 20일 당시 이승만 대통령이 전통불교 사원에서 '대처승은 물러가라'는 요지의 유시를 내린 것이 발단이 되었다.

아침마다 학교에 가려면 포교당 앞을 지나가야 하는데 포교당 앞을 지나면 대처승들이 등교하는 아이들을 배웅하고 있는 모습을 자주 보아왔다. 그때는 포교당에 어떤 스님이 있던 관심이 없었는데 대통령의 유시를 듣고 보니 그것이 옳다고 생각했던 것이다. 포교당이 집 가까이 있으니 많은 변화를 보게 되고 관심이 생겨, 나도 성인이 되면 부처님을 믿으리라 다짐하기도 했다. 그러던 중 불교를 만나는 기회가 빠르게 찾아왔다.

어느 날 포교당 게시판에 불교 교리 강좌를 개최한다는 내용이 게시되어 있었다. 오는 일요일에 이수산(李壽山) 거사의 '20세기의 세계전망'이라는 제목의 강연이 예정되어 있다는 것이었다. 강좌에 참가했더니 거사님은 불교가 정화운동과 함께 새로운 철학을 지녀야 하며 불교 발전을 위해 나가야 한다는 취지와 함께 경전에 대한 말씀을 많이 하여 주었다. 나의 친구들은 일요일 외에도 강좌가 있는 시간이면 모두 모였다.

친구들은 물론 시내 남녀 고등학교 학생들이 모여 들어 법당이 초만원을 이루면서 거사님의 강좌를 열심히 듣게 되었다. 어느 날 거사님은 "오늘 밤부터 매일 저녁에 불교철학 강좌를 개최 할 것이니 많이 듣기를 희망한다."고 하기도 했다.

우리 학생들은 각 학교의 대표들이 모여 하나의 조직을 만들어야 한다는 어느 선배의 제안에 모두 찬성을 하고 이를 토대로 마산불교학생회를 구성하게 되었다. 신도회가 조직이 되고 구체적인 운영방안을 검토하여 1955년 10월 31일 창립총회를 개최하여 회장에 마산상업고등학교의 김태문 선배를 선출하게 되었다.

이날 회의에서 매년 회지 『雪山』을 창간하자는 제안에 따라 편집위원을 선출했다. 회지에 수록할 부처님 말씀, 논단, 산문, 시, 축사 등 필진을 의뢰하는 것을 시작으로 같은 해 12월 10일 창간호를 프린트 판으로 62페이지를 발간하였다. 권두사에 「자각만이 우리의 살길」이라는 제목의 김태문 회장 글이 서두를 장식하였다.

김회장은 한회 선배로 2기 회장을 내가 맡게 되었다.

『雪山』의 서두에는 우리들이 지켜야 할 신조를 '자각실천(自覺實踐), 파사양정(破邪養正), 구민제세(救民濟世)'로 명시하고, 이를 실천하고자 노력하였다. 『雪山』을 발행하게 된 동기는 회원들의 자질을 개발하고 부처님의 말씀을 토대로 자신의 생각을 나타내어 많은 회원들 상호간에 믿음의 중요성을 표현하며, 회의 발전 상황을 알려 회원들의 긍지를 살리고자 하는 것이다. 그 후 『雪山』은 계속 발간하여 18집까지 계속 발간되었다.

마산불교학생회를 졸업한 1기 2기가 주축이 된 졸업생 회원들은 1957년 8월 2일, 마산불교청년회(약칭 마불청)를 창립을 하게 되었다. 마불청은 그 후 2007년 『마불청 50년사』를 발간했다. 창립 이후 그때까지 학생회에서 이룬 모든 업적을 화보와 사진으로 수록, 완벽하다 싶을 정도로 훌륭한 책자를 간행했다. 이와 함께 후일 『마불동문회보』를 신문 형태로 발간하여 많은 역사의 흔적을 기록해 오고 있다.

이러한 학생회 조직의 활동 이면에는 주지스님인 윤고암 스님의 도움이 컸으며 신도회의 조언이 큰 힘이 되었다. 고암스님은 가끔 회원들을 만나 믿음의 마음을 지니도록 부처님의 말씀을 조목조목 알려주시기도 한다. 양산 통도사에 계시는 경봉스님도 가끔 오셔서 신도들에게 좋은 말씀을 많이 해주셨다.

학생회와 청년회는 백일장을 열기도 하고, 회원들이 배역을 맡아 '성도의 곡- 지옥도'라는 연극을 마산의 시민극장과 제일극장에서 연 3일간 공연을 하기도 했다.

마산포교당은 이제 '통도사 마산포교당 정법사'로 과거의 모습은 찾기 힘들 정도로 세련된 모습으로 달라져 있다.

오랜 세월 따라 회원들 역시 각자 각 지역으로 자신의 일을 찾아 떠났지만, 수도권에 사는 마산불교 학생회 시절의 회원들은 '雪山會'를 만들어 지금도 수시로 모여 옛날의 회상에 잠기기도 한다. 어느 곳에 살든 그 시절의 회원들은 가까운 곳에 계시는 부처님을 찾아 합장하며 60여 년 전 마산포교당에서 맺은 불연을 되새긴다.

(불교평론 2017년 가을호)

문학의 집 · 서울

남산에 문학의 등불을 밝힌 지 어느 듯 열다섯 해가 된다니 감회가 새롭구나. 그 이름, '자연을 사랑하는 문학의 집 · 서울'이다. 문인들과 문학을 사랑하는 시민들에게 사랑방 구실을 하고 문학에 대한 열정을 불살라 문학인과 시민들이 만나 작가와 작품에 대한 끝없는 담소를 나누는 남산골 문학의 집 · 서울이다.

매월 정기적인 행사는 물론 문학과 관련된 전시회, 문학인들의 희귀한 애장품들, 문인들이 직접 그린 자화상, 시민들의 작품 공모, 시낭송 경연대회, 찾아가는 숲과 여러 가지 기획 전시품 등 남산골 아니고서는 대면할 수 없는 행사가 개최되니 정말 자랑스러운 남산골이 아닌가?

특히 매월 셋째 금요일 정기 행사로 음악이 있는 문학 마당 '그립습니다'에서는 작고 문인들을 조명하는 행사로 한 분의 작고 문인들에 대한 작품의 세계는 물론 그 문인에 대한 회고담과 가족들의 이야기 등을 통하여 작품과 삶의 현장을 돌이켜보는 새로운 세계를 찾아보는 좋은 계기가 되고 있다. 회고담에서는 그 문인과 생전에 친했던 친구나 지인을 통하여 알려지지 않은 미담이나 작가에 대한 특성을 듣게 될 때 놀라움을 금할 수 없다.

넷째주 수요일의 정기 행사로 수요문학 광장 '이 작가를 말한다'는 현역 문인을 초청하여 직접 그들의 창작활동과 작품의 세계를 청취하는 시간으로 퍽 유익하고 생생한 목소리를 들을 수 있다. 문인에게서 자신이 문학을 하게 된 동기나 자신의 작품에 얽힌 여러 가지 일화를 듣게 될 때 독자로써 그 문인과 작품에 대한 또 다른 세계를 엿볼 수 있게 된다. 위의 두 행사는 문학의 집·서울 아니고는 접할 수 없는 귀한 자리임에는 틀림없다.

문학의 집·서울에서 매월 발행되는 회보에 「문학인이 띄우는 편지」에서 문인들과 문인들 사이에 주고받는 편지를 통해 상호간의 인간적인 면모를 읽을 수 있어 그들 문인의 삶과 인간적인 현장을 그대로 볼 수 있다. 때로는 스승과 제자, 친구 간에, 타국에 있는 지인 등 편지 형식을 빌려 마음의 목소리를 들을 수 있다. 「문학의 향기」에서는 그 무렵의 여러 가지 사회상이나 흐름을 읽을 수도 있고, 글쓴이의 정서나 감정을 찾아볼 수 있다. 매월 말이면 기다려지는 회보이기도 하다.

때로는 여러 문학 단체서 어떤 행사를 한다고 하면 '어디서 하지?' 하고 보면 문학의 집·서울에서 한다면 안심이 되고 다른 곳에서 한다면 무언가 겸연쩍게 느껴짐은 무엇 때문일까. 오직 문학에 관한 일과 행사를 하는 곳은 서울에서는 이곳 남산골 문학의 집·서울 밖에 또 어디 있을까? 정말로, 정말로 사랑합니다.

(2016년 서울문학인대회 기념문집)

시인의 문학과 삶의 공간

황금찬 시인은 1918년 8월 10일 태어나셨으니 아흔을 넘고 두해가 더 가고 있다. 그러나 머물 줄 모르는 활력이 넘쳐나 새로운 시의 세계를 향하여 더 없는 열정을 불러 모으고 계신다. 시인의 시작품 속에는 언제나 사랑의 정이 넘쳐나고 사람과 사람과의 인정이 가득 차 있음을 알 수 있다.

시인은 서른세 번째 시집에서 "내 현주소가 하늘로 옮겨진 것 같다. 모든 것들이 커 보인다. 나라는 존재를 희미하게나마 바라볼 수 있을 것 같다. 하늘의 별들이 가까이 온 것 같다. 시와 같이 벗한 지 70년이 넘은 것 같다. 시는 아직도 내게 비밀을 말하지 않는다. 생각하면 슬픈 일이다. 어느 날 내 앞에 그도 올 때가 있으리라."라는 표현으로 세월의 흐름 속에서 어머니에 대한 그리움을 나타낸 바 있다.

황금찬 시인의 초년기는 우리나라 사람들의 다수가 그랬던 것처럼 가난과 헐벗음과 굶주림의 연속이었다. 시인은 시인이 태어난 강원도 속초시 논산동 45번지를 잊지 못한다. 언제나 '큰

길에서 어머님이 우시고 계시'기 때문이다. 가난을 안고 사시는 어머니의 그리움이 시인의 마음을 아프게 했고, 시인은 이를 잊지 못해 시로 세상의 아픔을 달래기도 했다.

요즘 시낭송 행사장에서 도무지 믿기 어려운 모습을 시인에게서 보게 된다. 젊은이들도 암송하기 어려운 선배 시인의 시작품 정지용 시인의 「향수」는 물론 서정주 시인의 「동천」, 박목월 시인의 「청노루」 등 시작품을 멋지게 암송하는 것을 보게 된다. 그 열정과 크게 울려 나오는 시인의 목소리에서 청년 황금찬 시인을 만나게 된다.

마포 아트홀에서 매달 개최하는 시마을문학회의 시낭송회는 150회를 거듭하는 동안 황금찬 시인이 한 번도 결석한 적이 없다니 한마디로 어떤 건강을 어머니로부터 받은 것일까. 이러한 면은 시인의 일상에서 많은 교훈을 얻을 수 있다. 시인의 일상생활은 특별한 경우를 제외하고 전철을 타고 다니는 것을 생활화 한다. 보통 저녁 잠자리는 새벽 2시경에 취침하면 새벽 6시경에 일어나서서 아침 잠자리에서 체조를 빠뜨리지 않으며, 체조는 주로 기체조와 단전호흡과 관절을 유연하게 하는 운동으로 40여 분간 정성을 다한다고 한다. 이러한 일상의 생활로 체력을 단련할 뿐 아니라 매주 2회 정도 후진들을 위한 문학 강의를 마다않고 하는 열정의 청년이다.

황금찬 시인은 일상의 생활 자체가 시의 영역을 벗어나지 않는다. 그 열정적인 시작품에 대한 한없는 사랑이 시집만 마흔

권을 바라보고 있다는 것은 시인의 집념을 넘어선 황금찬 자신의 존재에 대한 바탕이다.

오랜 세월의 연륜을 살아오면서 황금찬 시인은 혈육을 먼저 보내야 하는 슬픔을 벗어날 수 없었다. 시인에게는 아픔이 컸다. 집 앞 마당에 있는 목련나무는 시인 아들이 즐겨 찾는 시심의 나무였다. 아들 시인의 죽음은 '해마다/ 목련 철이 오면/ 도제가 와서/ 목련꽃 시를 쓴다면서/ 반나절/ 꽃나무 밑에 섰다가 가곤 했다'는 가슴 아픈 시를 최근 읽게 된다.

시인의 미수 때 우리 주변의 인정을 그리워하며 88편의 시를 선정하여 『시 88수』를 주변 많은 시인들의 뜻으로 제작하여 축하를 드린 적이 있다. 오래오래 건강하게 오늘의 시의 행복을 누리시라는 모든 시인들의 뜻은 우리 문단에서 처음 있는 일이었다.

황금찬 시인의 시에는 사람이 사는 생활의 구체적인 모습을 대면할 수 있다. 그것은 슬픈 애환이면서 아름다운 인간애를 보여준다. 사람이 살아야 하는 과정과 교감의 정서를 무척 맑은 표정으로 대면할 수 있는 시는 그대로 한 편의 정감이며 사랑과 순결함으로 가득 차 있다. 외형상의 시적 표현은 순수한 서정시의 영역에 일상적 정감을 받아들일 수 있다지만 그 내면에 들어가 보면 강하게 그 시대의 실상과 모순과 더러는 인간사까지 풍자 및 고발의 성격을 띠고 있다는 것은 숨길 수 없다

필자가 『시 88수』에서 '시인의 호는 후백(后白)이라 하니 후

(后)는 임금, 황후, 땅을 맡은 귀신 등의 뜻으로 쓰이고 백(白)은 희다, 분명하다, 밝다, 깨끗하다, 결백하다, 아무것도 없다 등의 뜻으로 쓰임을 볼 때, 황금찬 시인의 호는 어쩌면 모든 영역이 다 해당되는 것인지도 모릅니다. 그래서 후백 황금찬 시인은 자연 속에서 인생을 교감하고, 삶의 소박함에서 많은 지인과 사랑을 나누고 있음을 볼 수 있습니다. 그뿐만 아니라 현대를 앞 서가는 새로운 낭만주의자 황금찬이라고 시문학사는 기록할 것입니다.'라는 평설을 쓴 바가 있다. 후백 황금찬 시인의 시를 읽는 기쁨을 오래 오래 주시기를 바랍니다.

문학이 나에게 준 보람

문학은 나의 삶에 있어서 너무나 큰 행복이고 보람이다. 나의 문학의 길은 고등학교에서 문예반 활동을 함으로서 고 2학년 때 교내 백일장에서 처음으로 시부 장원을 받았다. 시 제목은 「산」이었다. 그때의 작품은 다음과 같다.

너 침묵한 문을 열라

아무도 알려주지 않은
슬픈 이야기를 들으련다

천벌, 한 몸에 세례 받아
너와 함께 놀던 구름과 새와 짐승들은
어느 공간 속으로 달려가고 만 것이냐

이젠

추억도

동경도
먼 그날의 이야기도
일체 날려 버린 채

빠알갛게 벗겨진
너 부끄러운 나체를 가리지도 못하는
영원히 내쫓긴 죄인이었더냐

산아
너 침묵한 문을 열으렴.

이것이 계기가 되어서 나는 문학을 하겠다는 결심을 하게 되었고 그 후 대학 진학도 그 당시 문학인을 가장 많이 배출했고 현역 문인들이 교수로 계시는 동국대학교 국문학과에 입학을 하게 된다. 대학에 재학 중 많은 선배들이 우리를 잘 끌어주었고, 그 선배들과는 지금도 모임을 가져 매달 만나 담소를 나누는 즐거움이 있다. 대학에서 교내 신문에 이상의 작품을 평론으로 쓴 것을 3회 연재를 하고, 매년 발간하는 『동국시집』에 시를 발표하는 등 재학 중 문학이 나에게 주는 최대의 기쁨과 행복 속에서 살아왔다.

그 후 교수생활을 하면서 무언가 보람 있고 새로운 강의방법을 찾아야겠다는 생각으로 몇 가지 구상을 하게 되었다. 학생들이 주축이 되는 '여성시인을 찾아서'와 '한국소설묘사 연구'라는 색다른 수업을 진행했다는 것이다. 이러한 수업은 어느 누구도

하지 않은 보다 진취적인 학생 중심의 수업을 학생들 스스로 연구하고 발표하는 수업이었다.

학기에 맡은 강의가 '현대시 감상'이기에 작품 활동하고 계시는 현역 여성시인을 4~5명의 학생들이 직접 방문하여 가장 기본적인 설문 20여 가지와 시인의 작품을 검토하고 연구한 질문지를 만들어 대담한 것을 녹음을 한 후 수업 중 발표하고 토론하는 수업이다. 너무 좋은 내용이라 이를 보완하여 문예지에 연재를 시작한 것이 2010년 『계간문예』 가을호에 홍윤숙 시인과 김후란 시인을 연재하고, 이후 2012년 『문학시대』에 허영자 시인을 시작으로 지금까지 모두 30여 명의 여성시인들의 대담록을 계속 연재하고 있다. 여성시인들의 작품 연구에 좋은 자료가 될 것이다. 여성시인들에게 감사의 인사를 드린다.

또 한 가지는 '문장론' 수업에 특별난 수업을 하게 된다. 역시 학생들을 2명씩 조를 구성하여 우리나라 소설가들의 작품을 읽고 그 작품에 묘사된 문장을 찾아 이를 발표하고 연구 토론하는 수업이다. 이 역시 240여 명의 소설가의 여러 작품을 읽고 묘사 부분을 찾은 좋은 자료가 되고 있다. 후일 『한국소설묘사사전』으로 6권의 방대한 책으로 간행되었다. 1권에는 사랑과 성, 여성, 만남, 이별, 2권에는 인물·1, 외양, 용모, 3권에는 인물·2, 심리, 성격, 4권에는 무대, 장소, 가옥, 5권에는 행위, 동작, 직업, 집회, 6권에는 자연, 서정, 동물, 음식으로 소설가들의 묘사가 정리되어 있다고 하겠다. 이러한 수업은 소설가들의 묘사 기법을 배우고 개성적이고 독창적인 묘사 방법을 알게 된다.

또 다른 보람은 방학 때가 되면 전국의 유명 사찰을 찾아 나 자신 직접 비디오로 촬영한 것과 사찰에 대한 시를 불교 TV에서 생방송으로 방송하였다. 불교 TV에서 생방송을 하게 된 것은 월정사에서 우연히 불교TV 촬영 팀과 만나 '시가 있는 사찰 여행'이라는 제목으로 방송을 하였다. 찾게 된 사찰만 27곳이었다. 이 작품은 후일 『한국불교문학』에 사찰의 사신과 함께 연재를 하였다.

좀 색다른 이야기 하나, 내가 군에 입대하게 될 때, 그 당시 나와 사귄 여성을 만나 나의 메모지에 다음과 같은 글과 그림을 그려 주었다. 「눈동자 하나의 보람을 잊지 않기 위해」라는 짧은 시다. 그 후 부대에 보내온 그 연인의 편지에 내가 쓴 메모지에 그대로 '또 하나의 눈동자와 닮아져 간다'라고 되어 있었다. 나는 그것이 너무나 좋아 후일 시집을 간행할 때 이를 행간을 나누이 「편지」라는 제목으로 발표하였다. 그 여인은 영원히 나와 같이 닮은 눈동자 속에서 살아가고 있다.

나 자신 살아오는 동안, 문학이 맺어준 많은 일들은 하나의 보람이요, 삶의 활력이 되었다고 할 것이다. 위의 몇 가지 우리 문학에 남겨 놓은 작품들은 큰 연구 과제로 남겨지고, 나에게는 내 삶에서 만난 문학의 힘이라 할 것이다.

(2017. 문학의 집)

문학관에 대한 아쉬움

조국 광복이 되는 해 마산에 정착하여, 초등학교부터 중학교, 고등학교를 마산에서 다녔다. 대학 졸업 이후 첫 직장을 마산에서 여학생을 지도하며 결혼도 마산에서 하였다. 고향은 함안이지만 나는 함안에서는 살아보지 못했다. 아버님이 사셨던 여항면 평암리를 몇 번 갔다 온 적은 있다.

마산 추산동은 나의 어릴 때의 추억이 너무나 많이 고여 있는 고향이다. 조금 내려가면 몽고정이 있었고, 몇 집 건너에 권투구락부가 있었으며, 부림시장이 지척에 있었다.

고등학교 2학년 때 선배들과 함께 '백치(白痴)'라는 문학동인 활동을 하면서 제비산 자락에서 시낭송회 시화전 등으로 문학의 열정 속에 정열을 바친 시절이 그립다. 백치동인 활동은 일생을 문학과 함께 동거하는 활력이 되었음은 자명한 일이다. 모든 동인들이 현재 이 나라 문단의 중심축이 되어 있음은 누구도 부인하지 못할 것이다. 마산의 제1자랑이며 나의 자랑이다.

또 한 가지 잊을 수 없는 일은 『동인수필』이라는 명칭으로

60년 말, 마산에 거주하는 인사들로 구성된 수필동인 활동을 잊을 수 없다. 창간호를 발간하고 나는 서울로 이주했기에 그 후 추창영 시인이 맡아 열심히 활동하였음도 한 편의 추억으로 남는다.

대학 졸업 후 초임으로 부임한 마산제일여자고등하교에서 근무하면서 1969년도에 당시 설립자이신 이사장에게 '한국근대문학박물관'의 필요성과 1차로 5개년 설립계획안을 작성하여 보여 드렸더니 승낙하였던 것이다.

제1차 연도 계획에 당시 문인 600여 명에게 육필과 서화를 부탁드렸다. 당시에 유명한 문인들이 우편으로 많이 보내 주셨다. 오늘날 문화재급인 월탄 박종화, 김동리, 박목월, 박두진 등의 친필 원고와 서예 하시는 분들은 서예작품도 보내 주셨다.

이러한 일을 추진 중인 1970년 4월초 서울 모 학교로 부임해 달라고 요청이 왔다. 아무래도 문학을 하려면 서울에서 활동하는 것이 좋다는 생각에서 이사장님에게 말씀 드렸더니 문학관에 대한 아쉬움으로 낙담을 하신다. 나의 미안함은 말할 수 없는 심정이었다.

1차년도 계획만 겨우 실행하고 만 것이다. 만약 나의 욕심만 접었더라면 지금쯤 마산제일여고에 우리나라 유일의 '한국근대문학 박물관'이 설립되어 그 위용을 세계에 자랑하고 있을 것이다. 우리나라는 부끄럽게도 국가를 대표할 한국근대문학박물관 하나 없는 나라가 되고 있다.

마산은 돝섬이 자리하고 무학산이 우뚝 서 있다. 초임 때, 휴일만 되면 마산 앞 바다에 나가 바다낚시를 즐겼던 생각이 불현듯 새롭다. 돝섬 근처에 배를 띄워 놓고 줄낚시를 내려 잡은 물고기를 배위에서 회 쳐 먹던 그 시절이 하나의 파노라마처럼 스쳐 지나간다.

마산은 자랑스러운 문학인들이 많은 도시이다. 이은상, 이원수, 정진업, 김수돈 등 역사 속에 사라진 인물들이 우리들 문학하는 후학들을 유심히 바라보고 있을 것이다.

(경남문학관)

4.

시와 시인의 단상

성춘복 시인의 새로운 감각과 심상

성춘복 시인의 언어는 새로움에 있다. 시에 함축된 정서는 그 작품을 나타내는 시인의 이미지와 복합되어 간결하면서도 완벽한 영감을 끌어다 준다. 자칫 잊기 쉬운 시어에서 잠재된 언어감각에 따라 작품의 질감을 더욱 상승시켜 주고, 그 이미지의 틀을 완성시켜 새로운 심상의 세계로 인도한다.

시인의 작품에서 '엉그름' '허투루' - 시 「빈 자리」 '발음걸음' '꼬드기' - 시 「꽃들의 잔치」 '홑벌' - 「자만시」 등의 시어는 일상으로 보기 어려운 시어다. 시인이 표현하려는 정서를 시어가 지닌 토착어의 의미에 밀착할 때, 작품은 새로운 감성으로 완벽한 이미지의 생동감을 얻게 되는 것이다.

특히 시 「빈 자리」에서 '등침은 좀 휘었으나/ 내 위엄에 엉그름은 없을 듯/ 허투루 내칠 바 아니었다'에서 '허투루'의 시어를 '아무렇게나' '대수롭지 않게'의 뜻을 지니면서 작품 전체의 이미지를 그려내는 운율감각과 영감은 언어를 초월한다.

성춘복 시인의 정서는 일상의 질곡을 넘어서 깊은 사념과 엄숙한 인생의 묘미를 한 단계 높여 달관의 세계로 자신을 인도한다. 무한의 세계를 터득한 듯 '취한 듯 몽롱한 꿈이 좋아/ 나는 오늘 나비가 된다. -「꽃들의 잔치」' '어쩌랴/ 곱게 두 손 다 거둔 후/ 빈 수레나 끌게 되는 것을. -「자만시」' 시인의 시어에서 보여준 토속적인 미감과 함께 우리의 고유한 정신세계를 한 폭의 심상으로 남겨주고 있다.

송골 오동춘 시인의 기백과 정신

역사의 긴 굴곡은 많은 사람에게 아픔으로 남는다. 오랜 기억의 공간에서 멈출 수 없는 진행 속에서 때로는 충격으로 와 닿는다. 우리 대한민국의 근대 역사는 더욱 아픔이 많다. 조선제국의 일제 침탈과 함께 서른여섯 해의 긴 고통, 광복의 기쁨도 잠시 6·25동족상쟁의 남침, 민주화의 소리 4·19의거, 또 다시 5·16군사혁명 등 현대사의 기록은 우리 모두의 가슴앓이가 아닐 수 없다.

오동춘 시인은 이 역사의 흐름을 외면할 수가 없었다. 경술국치 백년을 맞는 해에 이르러 '겨레여!/ 남북 형제 손잡고/ 일제 망상 꺾어 치자'고 외치면서 '설흔 다섯해 저진 죄악/ 아직 회개 하나 없이/ 독도 침략 교과서 왜곡/ 거짓 역사 꾸미는 일본/ 다시 또/ 하늘 심판 없을까/ 일본네야 얼차려라!'고 작품 「일본 침략 꺾어치자」를 통해 큰 함성을 부르짖으면서 각성을 일깨우고 있다. 일제를 넘어서 거짓 역사 꾸미는 일본이라는 나라에 대한 시인의 호통을 들을 수 있다.

우리나라의 경제적 도약이 국제적 순위에 이르는 오늘의 한국에서 볼 때, 4·19혁명은 '공포 심한 횡포 정권/ 권력 욕심 못 버리고/ 부정부패 태산으로/ 썩은 정치 극악일 때' '성난 물결 학도들/ 3·15 부정선거 다시하라!/ 부산 마산 대구 서울/ 나라 곳곳 높이 외쳐/ 거룩한/ 4·19정신 큰 빛 이뤘다'라는 흘러간 역사의 한 페이지를 시인은 '그 정신 길이 빛내자'고 작품 「피 묻은 책가방」에서 오랜 체험의 시대정신을 회상한다. 오동춘 시인은 4·19를 주도한 세대이기에 시인의 역사인식은 현실로 체감한다.

한글학회 이사이기도 하며, 한글 사랑, 나라 사랑을 몸소 실천하면서 관심과 열정을 다하는 오동춘 시인에게 지금의 광화문 광장은 시인의 열정만큼 환호의 대상이 될 것이다. 왜냐하면 세종대왕을 모셨기 때문이고 또한 오랫동안 이순신장군이 자리했기 때문이리라. 그래서 시인은 '민주 자주 문화 세종정신 한겨레 가슴 담고/ 한글 과학 무기 부려 온 세계 다스리며/ 한글 힘 그 세찬 힘으로 우리 밝게 잘 살아가자'고 시작품 「광화문 광장」에서 환호하며 '이 나라 세종대왕님 충무공 정신 우리 잘 받들자'고 부르짖는 소리가 들린다.

특집 시 5편은 송골 오동춘 시인의 시적 정신을 가름할 수 있는 가장 친근한 작품으로 감상의 맥을 짚을 수 있다. 그러한 정신은 문학은 민족의 기백과 상통한다는 점일 것이다.

사랑과 분노의 시선 홍금자

시인 홍금자의 시세계에 정착한 세상은 넓고 크다. 살아가는 세상의 모든 매체에 대한 관심과 우려와 사랑이 깃든 동력이 보인다. 오늘날 시인이 바라보는 삶의 현장에는 다양한 흔적이 있다. 시인은 이러한 흔적을 예사롭게 지나치지 않는다.

시인의 작품에는 인간의 애환과 사랑과 때로는 분노의 목소리가 존재한다. 인간 삶에 초점을 둔 많은 작품에서 그 살아가는 방법과 주변의 침묵을 일깨워준다. 한편의 시작품 속에 삶의 편린을 따라 새로운 그늘과 밝음을 일깨워 주는 분노의 소리도 들린다.

오늘날 사회적인 관심의 대상, 노동의 현장을 바라보는 시인은 그 현장에 삶을 튼 '이국의 사람들'이 살아가는 모습에서 또 다른 인간사를 찾아낸다. 무엇이 인간의 존재를 어떻게 유지시키고 어떻게 살아가게 하는가. 그래서 시인은 '노동을 저당 잡혀온/ 이국의 사람들/ 이 낯선 땅에서/ 희망의 그물을 던진다/ 해마다 늘어만 가는/ 이방의 얼굴들/ 약속의 등불을 켜 들고/ 새벽시장에 목숨을 걸어놓고 있다// 부러진 손가락으로/ 순결한 땀을 흘리며/ 어린 아들의/ 눈망울을 기억해 낸다'라고 이국의 삶이 어떠한가를 보여준다. 낯선 땅의 고통 속에서 어린 아들의 눈망울을 기억하며 언젠가 올 새로운 영광의 삶이 올 것임을 시인은 그들의 일상에서 찾아낸다. 오늘날 한국 사회가 안고 있는 또 다른 차원의 문제이면서 경각심이기도 하다.

시인의 작품에서 우리 조국의 무한한 발전에 대한 교향곡을 들려준다. 오늘이라는 시점에서 볼 때 우리가 살고 있는 조국은 거룩한 역사의 순간에 살고 있다. 부러움 없는 풍요와 함께 자유로운 일상의 삶이 무엇인가. 시인은 '내 땅, 내 조국의 불 꺼진/ 절망의 터/ 끝끝내 놓지 않고 품 안아/ 살점 찢어내던 어둠에서/ 거룩한 불꽃 지피며/ 질곡의 강 거슬러/ 아슬아슬 지켜 온 날들'을 회상하며 고난과 고통의 역사를 거쳐 온 조국의 실상을 보여주면서 '깃발을 보아라/ 아름다운 내 조국/ 내 겨레의 피 속에 돌고 있는/ 경이로운 이 땅의 장엄한 교향곡을' 시인은 울리고 있다. 발전한 조국과 풍요로운 조국에 대한 찬사라 할 것이다. 오늘을 살아가는 우리의 현실에 대하여 시인의 정신은 장엄한 우월감을 모든 사람들을 대신해 주고 있다.

홍금자 시인의 시적 감성은 넓고 큰 영역을 바라보면서 때로는 사랑의 모습을 보여주기도 하고 조용한 분노를 사회에 던지기도 한다.

김남웅 시인의 향기와 추상

시인 김남웅은 일상의 현실 속에서 아련히 멀어져 버린 우리의 토속적인 향기와 그리움을 찾아 나서고 있다. 시인의 추상 속에는 지난 먼 세월의 일면이 하나의 생활의 현실이었으나 흘러가는 세월은 그것을 기억의 한편으로 몰아 버리고 말았다. 시 「어머니」에서 애절한 어머니와의 애환이 담겨있다. '군둥내 나는 항아릴랑/ 빨리 부셔서 물 가득 담아두고/ 물 가득 담아두고 살으려므나'라는 어머니와 얽힌 항아리와의 사랑이 '아-세월은 흘러 어느 사이/ 장개를 가고 아덜을 둔' '내 항아리'가 되어 버린 긴 세월 속에서 이젠 고향의 가족 속에 남겨진 토속 군둥내를 기억한다.

인간에게 지난 세월의 흔적들은 희미한 일상의 한 측면이 되지 못하지만 문학은 그것을 잊지 못한다. 특히 김남웅 시인의 작품은 삶의 테두리에서 부딪쳐오는 관계의 모든 것이 사념으로 남는다.

시 「어느 새우젓 장수의 일기」에서도 새우젓 장수의 한 편의 삽화를 통하여 인간의 속성을 베풀고 있다. '새우젓 장수를 몇 년 하다가/ 내가 배운 것은 오로지 덤을 주는 일이다'로 운을 열고 '아무에게라도 선뜻/ 후히 나를 되어주는 일이다/ 후히 나를 내어주는 일이다'의 진리를 터득하는 새우젓 장수와 같이 오늘의 일상에서 일어날 수 있는 사회적 한 단면을 시인은 한 편의 삽화로 정서를 일깨운다.

김남웅 시인의 「설화」 「입춘」의 작품은 이러한 단면은 물론 역사적인 정서와 자연의 조화 속에서 인간의 우둔함을 열어주려는 지혜가 곁들여지기도 한다. 시인의 시 정신은 이러한 복합적인 관계에서 새로운 감각적 함축이 존재한다.

정연순 수필의 함축

수필가 정연순의 작품 「그 뒤를 보다」에서 다소 무거운 느낌을 지니게 되지만, 수필의 정수를 읽을 수 있다.

'담쟁이'에서 인생의 살아감에 대한 정감과 사랑을 교감하는 작자의 심성은 물론 작품을 통한 품격을 찾을 수 있다. '나는 방에서 사계절 담쟁이의 뒷모습을 본다' '자수의 뒷면은 양심이에요'를 생각하면서 삶의 방법은 앞면만을 바라보고 살아가는 많은 사람들에게 경각심을 준다.

서로 마주 대하고 앞만 보고 행진하는 사람들의 일상에서 헝클어지지 않고 순리와 조화로움으로 살아가는 담쟁이의 아름다움, 그래서 수필가 정연순은 '다시 나를 돌아본다. 정말 중요한 것은 뒤에 있을 것만 같아서다'라는 새로운 진리에 젖어 있다. 많은 작품에서 이 작품을 바라봄은 작자의 숙연한 사고의 함축을 보았기 때문이다.

이희자 시인의 울림소리

시에서 말하려는 것은 무엇일까. 시문학사에서 논의의 내싱이 되는 것은 시인 개인의 경우와 그 시대적인 배경을 아우르는 경우가 많으나 대부분은 그 시인의 시적 영감과 정서에 바탕을 두는 것이 일반적이다.

이희자 시인의 시 작품에서 시인이 말하려는 함축은 참 편안하며 우리와 가까운 곳에 착상을 두고 있다. 자연의 대 섭리 앞에서 경건해지고 여유로워지는 일상의 마음이 있기 때문이다. 시인이 바라보는 광활한 존재의 저편에 도사리고 있는 많은 사물은 시인의 마음에 와 닿으면 그것은 하나의 현상이 되고 만다.

작품 「봄, 하루는」에서 마음의 평정과 여유로움이 다가옴을 알 수 있다. 봄이라는 계절의 문턱에서 생명의 따사로움을 마음으로 끌어들이는 정감의 언어는 '문밖으로 나서면/ 추운 겨울 지나온/ 저 이쁜 것들/ 살아 있는 온갖 것들이/ 낱낱이 꽃으로 피네' 생명으로 받아들이는 마음의 영상이다. 그 생명은 '우리 오늘 하루는/ 꽃이 되어 꽃 속에서 살자'라는 마음으로 생명의 동일체로 일체감을 끌어낸다.

작품 「늦여름, 단풍」에서 실토하는 언어 감각은 단풍이 물든 미적 감동에서 시인의 마음의 일상을 여유롭게 한 폭의 그림으로 보여준다. '피 빛으로 물든 속마음/ 혹여 사랑일 런지…/ 그 단풍 몰래 바라보다/ 흔들리고 뒤채는 마음'은 무엇일까. 단풍이 물든 정서적 감동이 사랑이라는 속마음으로 뒤채는 마음이 진실한 시인 자신으로 돌아와 있다.

이희자 시인의 사물에 대한 정감은 정착하려는 정신적 자세에 있음은 시의 종결 행에서 '큰 산이 되어 머문다 - 안개 같은' '돌아왔지요 - 늦여름, 단풍' '저 꽃만 바라보자 - 봄, 하루는' '마음만 끌려간다 - 푸른 교회 사람들'와 같이 현재와 소망과 어우러짐으로 가득 차 울렁이고 있다. 그것은 마음에 대한 일상의 영감을 품고 있기 때문이다.

이솔 시 - 생명체의 영상적 이미지

시인의 시적 상상력은 풍족할수록 좋다. 일상의 생활에서 모든 요소가 다 삶의 흔적이기에 그 흔적 속에서 상상한다는 것은 무척 흥미로운 일이다.

이솔 시인의 시작품에서 일상의 모든 것들이 다 새로운 상상의 색채를 달고 나타난다. 그러한 상상은 공간과 시간의 등차를 가감하면서 더러는 새로운 움직임으로 다가선다. 오늘날 시 작품이 과거와는 달리 새로운 목소리와 움직임을 보여주는 계기를 만들어 주기도 한다.

작품 「회화나무의 목소리」에서 '비에 씻긴 회화나무가 물기를 털고 있다'에서 시작된 작품이 끝 행에서는 '물기를 머금은 오랜 박하향에/ 회화나무 목소리가 젖어온다'라는 심상의 율동은 회화나무의 움직임이 그대로 '물기를 털고, 목소리가 젖어 오는' 형상의 동작으로 생명체를 부여하고 있다. 시의 영상적 이미지는 실제 조감할 수 있는 일상으로부터 얼마나 새로움의 영감을 발상하느냐 하는 것은 오늘날 시의 연금술이기도 하다.

작품 「진달래 산화하다」에서 '원피스에 제색으로 찍힌/ 진달래 무늬/ 조용히 흔들리는 연속무늬/ 진달래 꽃잎 색이 돋아나기 시작한다/ 꽃이 쏟아진다'에서 역시 동적인 생동감으로 작품의 서두를 풀면서 결말로 끌어들이고 있다. '원피스'의 무늬에 착색된 무늬 하나가 동적 이미지는 강하게 시인의 정서를 새로운 공간으로 끌어간다. 위에 인용한 '흔들리는 연속무늬' '돋아나기 시작' '쏟아'지는 현상으로 마감되는 이솔 시인의 작품에서 동적 영상으로 한편의 인상을 만들어 준다.

최근 새로운 영감과 심상의 세계를 보여주는 시인의 시적 감각과 감수성은 새로운 시의 세계를 찾아가는 것이기도 하다.

허진숙 시인의 자신만의 세계

허진숙 시인의 시집『바다로 간 어머니』에서 자연과 인간과의 순화된 조형이 동적인 균형을 유지하면서 시각적인 서정으로 나타난다.

시인이 찾는 언어의 미적 감각은 그 언어의 새로움에 있다. 하나의 사물이나 소재를 대상으로 얻어지는 폭 넓은 세계는 일상에서 벗어나야 한다. 시인 자신만이 찾아낸 영감으로 와 닿는 세계 속에서 한 편의 형상을 착상하는 마음 자세가 필요하다.

시가 많은 독자에게 공감의 대상이 된다는 것은 언어가 지니는 최대의 매력이 감동으로 와 닿아야 하기 때문에 그 대상에 대한 절대적 언어 표현이 필요하다. 많은 소재나 사물에서 숨겨진 심상을 찾아 그 심상에 내재한 조형의 형상을 함축하는 시인이야말로 언어의 조형술사가 된다.

허진숙 시인의 시적 영감 역시 일상이라는 생활의 요소에서 암시하는 화자의 주관적인 내면이 회화적인 서사로 일체화함을 본다.

때로는 모성적인 영감이 어떠한 사물의 구체적인 서정의 세계로 몰두하면서 그 서정이 다시 자아의 현상으로 회기하려는 유사성을 내포하기도 하고, 사물의 개체로서의 문제와 주체로서의 문제에서 진정한 나를 발견해내는 일상의 심성은 동적인 현상을 만들어 내기도 한다.

오늘날 우리의 현대시가 나가는 방향은 시대적인 굴곡과 인간이 지향하는 행위의 자율적인 요인이 너무 광역화되어 가는 시점에서 허진숙 시인의 시적 감성은 퍽 많은 동질성을 지닌 언어의 미감을 정서적으로 순화시키고 있음은 시인의 장점이 될 수 있다.

하나의 자연의 현상에서도 그 자연이 품고 있는 현실적인 요인에 연연하지 않고 그 자연이 잠재한 세계나 정서적인 덕목이 지닌 이미지의 주류를 찾아 진단하고 분석하여 한편의 서정의 리듬을 만들어 내고 있다.

앞으로 많은 연속된 일상의 세계에서 사고의 폭과 의미의 영역을 넓히고 시가 함유하고 있는 최대의 양식을 활용하여 보다 자신만의 시세계를 만들어내는데 일조하기를 바란다.

작품 「무슨 색깔이 나올까」의 전후 이야기

나는 사물의 모든 존재가 다 시가 될 수 있다고 생각한다. 얼마나 많은 것들이 시가 되기를 기다리는 것일까. 그 사물에 잠정되어 있는 깊은 속을 들여다보기라도 하듯 하나의 대상이 시로 되겠다 싶으면 이를 이리 저리 여러 방향으로 생각해 본다.

특히 나는 소재의 대상에서 그 소재의 안은 물론 겉으로 나타나는 오묘한 상황과 함께 어떤 것을 품고 있을까 하는 생각을 우선적으로 통찰하려는 의욕을 보인다. 그러니까 소재의 외형적 요인보다 내면적인 것, 말하자면 저 소재에서 무엇을 느낄 수 있을까? 아니면 저 소재의 내면에는 무엇을 생각하고 있을까? 라는 여러 각도의 의식적인 심성을 들추이보려고 애를 쓴다. 그러다 보면 이것이로구나 하는 정리되는 상태가 온다.

나는 사람이 사랑한다는 것은 무엇일까를 생각해 본 적이 있다. 사랑에 대한 작품은 많은 시인들이 시로 표현했기 때문에 다소 진부하기도 하지만 이를 다른 각도로 생각할 수 없을까 하는 생각을 하고 있을 때였다.

어느 날 봄이었을까. 산책길에서 너무나 아름답게 핀 꽃들을 보게 되었다. 물론 꽃은 어느 때나 보아 왔고 옛날에도 보아왔던 꽃들이다. 그런데 이 산책길에서 보게 된 꽃을 보는 순간 도대체 저 꽃들의 저 아름다운 색깔은 어디서 오는 것일까. 우중충한 흙더미를 파헤치고 고개를 내민 꽃대궁이며, 꽃잎들이 파랗게 초록을 자랑하는데 빨갛고 노랗고 흰 꽃들은 저 빛이 어디서 오는 것일까. 저 흙 속에는 무궁무진한 빛의 창고가 있는 것이 아닐까. 말하자면 하나의 색깔을 마음속으로 찾게 되는 것이다.

그렇다면 사랑의 빛깔은 어떤 것일까. 노랑색, 빨강색, 흰색, 초록색 아니면 무슨 색깔일까. 도무지 그 색깔이 생각나지 않는다. 그 사랑의 색깔을 생각하다보니 다른 사물들의 색깔에까지 생각이 미치게 된다. 바람은? 하늘은? 저 사람의 말씀은? 도대체 어떤 색깔로 나타날까. 사랑의 빛깔을 찾다보니 다른 가까운 연결되는 영상과 생각의 고리를 간추려본 것이 작품 「무슨 색깔이 나올까」라는 작품이다. 언어적 표현은 작품에서 가까운 시어의 배열과 구성을 생각하게 되었다. 이런 생각으로 인해 다음과 같은 시가 탄생하게 된다.

> 저 바람을 손아귀에 쥐고
> 심하게 짜면
> 무슨 색깔이 나올까.
>
> 저 하늘을 양손에 쥐고

더욱
심하게 짜면
무슨 색깔이 나올까.

그러나
그러나
저 사람의 말씀을
마음으로 눌러 짜면
또
무슨 색깔이 나올까.

사랑하는 사람끼리
그
사랑을 사랑으로 짜면
정말
무슨 색깔이 나올까.

이러한 작품이 나타났다. 중간에 '그러나'를 두 번 반복한 것이 다소 거슬리는 듯하지만 그 반복의 의미가 사람의 말씀의 무게를 차마 눌러 짜게 되는 강한 악센트를 부여하고 싶었다. 실제로 이 작품에서의 핵심은 마지막 연이다. '사랑하는 사람끼리' '사랑을 사랑으로' 짠다는 '사랑'에 대한 확신을 강하게 강조하려는 의도가 드러났는지 모르겠다.

첫 연의 '바람'은 일상적인 친근감의 표시이며 사람의 주변에 항상 존재하는 것이라는 인식이 앞서 있었고, 두 번째 연의 '하늘'은 바람과 가장 가까운 자연의 하나이며 인간에게 언제나 절대적으로 다가오는 무한의 상태이기 때문에 사랑과 밀접한 관계를 형성한다고 믿는다. 셋째 연의 '말씀'은 다섯째 연의 '사랑'과는 가장 인간적 접촉이고 인간적인 교류이다. 어쩌면 바람에서 하늘로 이어진 끈이 말씀을 통하여 사랑으로 맺음을 마감하는지 모르는 그러한 인연의 깊이를 그려보고 싶은지 모른다.

시의 언어에서 고민한 것은 '짜면'이라는 표현이다. '짜면'이 좋을까? '그리면'이 좋을까? 라는 언어적 선택에 고심했다. 그리고 '더욱'이라는 시어의 사용과 '또'라는 시어, '그'라는 시어를 넣는 것과 빼버리는 경우에 대하여 어느 쪽이 시적 감동과 감흥을 더 나타낼까 하는 점도 고려의 대상이 되었다는 점을 고백한다.

이 작품을 발표한 이후 오랜 시간이 경과한 후 최근 어느 지면에 이 작품을 재수록해야 하는 경우가 있었다. 이때 '심하게 짜면'이라는 모든 구절은 '꼬옥 짜면'으로 바꾸어 발표한 적이 있다. 그러나 아직 어느 쪽이 더 좋은지 나도 모르겠다. '심하다'와 '꼬옥'이라는 감정의 차이이니 독자가 판단해 줄까.

시의 내면을 찾는 길

새벽 산책길에 나섰다가 나뭇가지 울창한 숲 사이로 참새들이 떼를 지어 짹짹거리면서 수십 마리가 모여 있는 것을 보았다. 참새 한 마리가 자리를 옮겨 앉으면 또 다른 한 마리가 뒤따라 자리를 옮겨 앉는다. 순간 한 마리가 휘 날아오르자 와르르 떼 지어 껑충 날아오르는 모양이 우박 쏟아지듯 수라장이 된다.

그들은 그들 나름으로 이웃간의 모임을 갖고 즐거워하는 듯 한동안 짹짹 한바탕의 소란이 끝나면 누가 그랬느냐는 듯 하늘 높이 치솟아 오르는가 하면 모습조차 보이지 않고 와르르 날아가 비리고 조용해진다.

그뿐인가. 저쪽 높은 나무 위에서는 까치들이 동네 반상회라도 하는지 수십 마리가 왔다 갔다 하면서 까악까악 소리 경쟁하듯 시끄럽다. 가끔 파르르 날개소리를 들려주며 함께 목 넘어가는 소리로 나무숲은 수라장이다.

그들은 무엇을 하기 위해 새벽부터 모여 앉았다가 일어섰다 날다가 부딪치며 그들만의 새로운 세계를 보여주려는 것일까.

가만히 들어보면 분명 그들은 서로의 대화와 담론을 하고 있음을 감지한다. 무슨 소린가 크게 들렸는가 하면 어느 틈에 푸르르 자리를 옮겨 앉았다 날았다 하며 왁작, 법석을 뜬다. 그리고 부리와 부리끼리 부비며 부딪치며 오히려 소란보다 즐기고 있음을 볼 때 그들만의 세계의 풍족함과 넉넉함에 우리 사람들의 행동을 비교하게 된다.

요즘 우리 사회에서 시를 낭송하고 소설작품을 낭송하는 열기를 보면서 문학의 열정이 불붙고 있음에 마음이 흐뭇해진다. 그 점만이 아니다. 공직에서 물러난 많은 사회적 인사들이 옛날 문학의 뜻을 살려 시인이나 수필가 혹은 소설가로 새로운 도전을 하는 것을 볼 때, 문학은 모든 이의 큰 힘이 되고 있음에 감탄한다.

문학의 길, 어언 50여 년을 바라보고 있다. 길다면 길고 짧다면 짧은 세월이건만 문학이라는 세계는 무한한 감동과 함께 한없는 꿈의 동경 속을 아직 헤매고 있음은 솔직한 고백이다. 언젠가 「나의 시쓰기」라는 글에서 다음과 같은 글을 남긴 적이 있다.

특히 나는 소재의 대상에서 그 소재의 안은 물론 겉으로 나타나는 오묘한 상황과 함께 어떤 것을 품고 있을까 하는 생각을 우선적으로 통찰하려는 의욕을 보인다. 그러니까 소재의 외형적 요인보다 내면적인 것, 말하자면 저 소재에서 무엇을 느낄 수 있을까? 아니면 저 소재의 내면에는 무엇을 생각하고 있을까? 라는 여러 각도의 의식적인 심정을 들추어보려고 애를 쓴다. 그러다 보면 이것이로구나 하고 정리되는 상태가 온다.

나는 사람이 사랑한다는 것은 무엇일까를 생각해 본 적이 있다. 사랑에 대한 작품은 많은 시인들이 시로 표현했기 때문에 다소 진부하기도 하지만 이를 다른 각도로 생각할 수 없을까 하는 생각을 하고 있을 때였다.

한 편의 시를 창작하고 한 편의 평필을 활자화하면서 과연 이것이 나의 감성이고 나의 결론인가를 자문하고 의심할 때가 있다. 너무나 넓은 그 세계의 공간과 너무나 높은 위상을 향하여 광활함에 스스로 자문도 하고, 스스로 회의의 정감에서 허덕일 때, 너는 지금 과연 어디에 있는가. 가만히 쳐다본다. 하나의 허상을 향하여.

새벽 산책길에서 바라본 새들의 일상과 까치들의 일상에서 오히려 나보다 나은 세계에서 그들만의 새로운 세계의 도전에 열심인 그들, 그들의 순간순간이 그들만의 창작이고 작품이라면 어떨까.

숲이라는 그들의 공간의 의미, 부딪치는 그들의 행위, 떠들썩하니 소리 내는 그들의 음성은 인간이 모르는 또 하나의 창작의 여유로움과 남김의 흔적이 아닌지 모른다. 아니, 인간이 모르길 바라는지도 누가 알랴.

우리들이 살아가는 주변의 많은 물상들이 한 편의 시의 세계를 조성하면서 그 속에 내밀해 있는 알맹이를 찾아야할 의무 같은 걸 느끼면서 사물을 보는 습관이 나에게는 있다. 마음이라는 공간과 시간이라는 공간의 차이는 무엇일까. 많은 사람들은 자신이 존재하는 순간이라는 개념을 생각하지 않고 행동할 때가 많다. 다만 그것의 순간을 의식하지 않을 뿐이다. 그러므로 그는 무의식의 영감 속에서 오히려 편의에 의한 순간의 쾌락이나 자신의 합리성으로 몰입하여 먼먼 무상의 세계에 던져지게 된다.

그래서 모든 사물은 의문덩어리이며, 무념의 착각에 의한 마술이고, 황홀한 무아의 경지에 정착한 한 피조물일 뿐이다. 아마 시의 세계는 이러한 것을 찾으려는 노력이라면 착각일까.

요즘 시의 세계는 많은 변화를 거듭하고 있다. 무형의 세계를 넘나들면서 형상을 찾아 헤매는 시절은 가고 유형의 세계에서 이야기를 찾으려는 세계로 몰입되고 있는 것이 오늘의 시의 가는 길이 되고 있다. 사설과 묘사와 테마가 깃들이고 있는 시의 폭은 넓고 광활하다.

우리의 문학에서 시가 찾고자 하는 끝없는 세계의 파노라마는 시인이 찾아야 할 새로운 각오가 필요한 시대이다.

문학의 위기와 변화 사이

오늘날 새로운 세기는 모든 분야에서 변화를 맞이하고 있고, 그 변화의 속도는 가공할 만큼 빠르게 움직이고 있음은 분명하다. 그 변화의 첫 번째 요소가 전달의 방법과 매체에 있다. 모든 전달 방법은 과거의 방법은 고전으로 낡아 있다. 오늘날의 전달 방법은 속도와 정확성, 그리고 새로움에 있다. 말하자면 정보의 전달 수단이 다양해졌다는 것이다. 광케이블에 의한 정보 통신 전달의 신속성, 인공위성을 통한 정확, 정밀성, 그리고 수신자의 영역의 확대 등을 들 수 있다.

이것이 인터넷이라는 온라인의 발신자와 수신자의 전달 범위와 받아들임의 긴 터널은 많은 기존 인식의 소유지에게는 분명히 위기다. 그렇다면 '문학의 위기'라는 말은 과연 어떻게 받아들여야 할까. 기존의 방법과 발상으로는 위기는 위기다. 다만 이러한 문제를 문학 창작의 행위 측면에서 보느냐. 문학의 시장성에서 보느냐에 따라 달라진다. 문학 창작의 측면에서 본다면 위기가 아니다. 오히려 풍부한 창작의 영역이 넓고 밝고 높고 깊어졌다. 새로운 문명의 도전에, 새로운 역사의 창출에, 인간 삶의 다양성에, 문화 영역의 무한한 상상의 터전은 위기가 아니다. 그것은 위기보다 변화와 전환이다. 새로운 언어의 모양과 창출, 표현의 고정 형식에서의 이탈과 탈출을 위기로 보아서는 안 된다.

다만 위기는 온라인이라는 것에 대한 대응관계를 설정하고 연구하고 검토해야 한다. 문학의 시장성과 패션의 색을 어떻게 입힐까. 문란해지고 다소 도덕성이 희박해지는 온라인 세계에서의 문학의 행위와 질서를 어떻게 수습할 것인가. 문학의 기존 창작 행위에 도전하는 온라인상의 문제와 문학의 독자가 변화하는 사회적 통념을 창작하는 문학인에게서 얼마나 만족하고 그 욕구를 충족할 것인가는 생각해야 위기를 통감할 것이 아닐까.

시를 낭송합시다

오늘을 살아가는 여러분, 우리는 너무 많은 일들에 찍소리 못 하고 있지 않습니까?

이럴 때 우리는 시를 찾아 낭송합시다. 소리를 낸다는 것은 즐거운 일입니다.

사람들에게 처음으로 나타난 문학은 구비문학에서 비롯됩니다.

문자가 없는 집단에서는 표현 수단이 입을 통하는 소리의 방법과 손짓이나 발짓 등 육신을 이용하는 표현 방법이 유일한 수단이었습니다. 더러는 그림이나 모형을 구성 설치하여 표현 방법을 택한 경우도 있었지만 이러한 방법은 좀 더 생각과 지능이 발달한 이후였고 최초의 방법은 소리였습니다.

지금은 인간의 인지가 발달하여 어떠한 표현이든 마음대로 나타낼 수 있는 최고의 지능과 도구의 사용이 극대화되어 있습니다. 특히 문학에서는 문자라는 기호가 일반화되면서 어떠한 사고라도 자유자재로 표현할 수 있는 시각적 기능이 보편화되어 있지요.

문자는 인간의 재능과 자질로써 습득해야 하는 번거로움이 있고, 소리는 원초적으로 인간이 받아들일 수 있는 본능적인 요소이기 때문에 큰 제재를 받을 필요가 없습니다. 그래서 인간은 문자 이전의 사회나 집단에서는 소리나 동작으로서 표현의 수단으로 삼았습니다.

우리나라의 판소리는 소리문학의 초기 방법입니다. 내용의 창작과 표현의 소리가 어우러진 최고의 형식 문학이 판소리이니까요. 소리의 장단과 고저 강약의 효과와 내포되어진 내용의 이음에 의해서 듣는 독자(실은 청자)의 심금을 울려주는 문학 전달 방법의 하나였으니 얼마나 아름다운 방법입니까. 말하자면 표현 방법은 음악의 방법이요. 그 내용은 문학인 것입니다. 가면극도 이러한 방법의 양면구도였습니다.

이러한 구비적 요소로서의 문학적 표현 방법과 기술은 문자가 도구화 된 인간에게 또 다른 방법의 전달 방법으로 구성되고 행해지기 시작합니다. 그것이 특히 시의 전달방법과 그 효과를 기대하는 방법으로 활용된 것입니다.

시 낭송은 초기 시라는 특수한 형식 문학의 구조적 기능과 이를 리듬적 발상의 효과적 전달 기능의 종합적 활용방법이 됩니다. 시가 지닌 리듬감각의 효과를 가장 잘 전달할 수 있고 시에서 전달하는 시인의 감정적 전달의 극적 기대치를 강조할 수 있는 낭송이야말로 시문학의 최대 장점이라 할 것입니다.

문자가 활자라는 매체를 통하여 다수에게 읽힐 수 있고 시공을 초월하는 방법이라면 소리 역시 전달의 매체가 다양화되고 시공을 초월하는 단계에 도달한 지 오래이기 때문에 외형적으로나 내형적으로 리듬효과를 극대화할 수 있는 시의 낭송은 오늘날 우리 사회의 새로운 기능적 요소로 등장하고 있습니다.

다만 오늘날 시 낭송에 있어서 몇 가지 검토하고 뛰어 넘어야할 과제가 많다는 점은 많은 낭송자가 공감하고 있을 줄 압니다.

첫째 낭송되는 작품이 낭송에 적합한가의 문제, 둘째 작품의 내용에 알맞은 리듬효과를 모색했느냐하는 문제, 셋째 적절한 효과를 극대화할 수 있는 방법의 모색, 넷째 현재 사회적 다중화에 공감할 수 있는 전달 방법의 활용과 응용 방법의 문제, 다섯째 낭송자가 시의 창작 영역과 낭송 영역 어느 쪽인가 등 여러 문제를 생각할 수 있습니다.

이러한 문제는 이젠 시의 낭송이라는 예술적 방법도 단순한 시의 전달 기능으로만 안주할 것이 아니라 새로운 낭송예술로 만들어 나가야 할 것이기에 몇 마디의 여적을 달아보는 것입니다.

오늘날 여러분이 즐기는 빠른 음악의 즐거움과 함께 여러분들이 새로운 우리 시 낭송의 방법을 만들어 보급하고 즐기면 좋지 않을까요.

통신언어의 오프라인 도전

"야이 얍삽아! 재섭고 살까게 야거지 말고 짜져버려!"

이 글을 읽는 여러분은 이러한 문장이 어느 나라 문장인지 아십니까. 이 예시 문은 분명히 우리나라 사람이 한글로 쓴 문장입니다. 우리의 국어사전에는 없는 말과 어법으로 쓴 우리나라의 어떤 사람이 쓴 표현법입니다. 주로 10대들이 즐겨 사용하는 말이면서 20대, 30대의 세계에도 더러 유행되고 있는 언어입니다.

참, 혼란스러운 세상에 모두가 와 있다고 생각하지 않습니까.

지난 4월 우리나라의 신문에는 제법 큰 지면으로 '오프라인 서점 강타한 10대들의 코드'라는 제목을 달고, 온라인 인기를 이어가는 18세 작가 귀여니를 소개하고 있습니다. 10대들의 코드를 이해하지 못하면 읽어도 무슨 말인지 모를 소설이 서점가에 돌풍을 일으키고 있다는 기사입니다. 한 달도 채 되지 않은 시점에서 30만 부 이상 팔려 나갈 정도로 인기는 폭발적이었습니다.

이 소설은 인터넷 채팅에서 사용하는 언어와 수수께끼 같은 기호로 온라인 시장에서 오프라인 시장을 점령한 것으로 보도 경쟁을 하고 있는 실정입니다. 그리고 우리 소설의 영역에 새로운 도전장을 던졌다고 말합니다. 물론 과거에도 온라인 소설이 오프라인 시장으로 뛰어 든 경우가 많았습니다. 『드레곤 자라』나 『퇴마록』 같은 소설도 이런 경우입니다. 그러나 이들 사이버 공간의 소설이 오프라인으로 넘어올 때는 그래도 언어와 기호적인 수정의 과정을 거치는 경우가 있었습니다. 그러나 귀여니의 경우는 달랐습니다. 온라인에 올랐던 그 언어와 기호인 이모티콘을 그대로 노출하고 사용하는 그야말로 사이버 소설인 것입니다.

그들이 사용하는 언어를 흔히들, 통신언어, 채팅언어, 사이버언어 등 여러 명칭으로 사용되고 있습니다마는 대체로 소리 나는 대로 적기, 음절 줄이기, 이어 적기, 의도적인 단어의 변형, 이모티콘(emoticon)이라는 감정을 표현하는 기호 등을 활용하여 그들 10대들의 인터넷 즐기기를 하고 있다고 하겠습니다. 이러한 통신언어는 글을 타자하는 타수를 줄여서 빠르고 편리하게 글자를 적으려는 의도가 깔려 있습니다. 모든 문명 문화의 급속한 형상의 변화에 따라 물들어가는 상황입니다. 그들은 일상언어에서 형태를 파괴함으로 새로운 쾌감을 느끼려는 세대적인 공감의 한 형태이며, 친숙함을 의미하고 분위기를 재미의 범주로 몰아가려는 그들만의 독특한 심리적 동기에서라고 할 것입니다.

문제는 이러한 소설이 세상에 나와서 젊은이의 세계에 새로운 감각을 줄 수도 있다라는 긍정적인 반응을 보일 수도 있으나 이

것이 일시적이지 못하고 다소 머뭇거릴 때, 우리 사회에 미치는 영향은 큰 것이라고 하겠습니다.

그러한 언어가 사이버 상에서만 이용되고 오프라인으로 넘어 오지 않았다면 그래도 웃고 넘길 수 있을지 모르는 일입니다. 그러나 그러한 언어가 오프라인으로 넘어와서 수십만 권이 팔려 나가는 위력이 작용한다면 웃고 넘길 수 없는 일이 되고 맙니다.

그것은 우리의 한글이라는 기본 어법의 파괴를 들 수 있습니다. 이미 이러한 언어에는 통신언어라는 변형을 넘어서 비속어, 은어 욕설로 일상화되고 있다는데 있습니다. 언어의 사용은 사람의 인품을 나타내고 그 사람의 품격을 나타낼 수 있습니다. 그렇다면 이러한 인터넷에서 남용되고 있는 언어는 청소년들에게 분명히 문제를 만들 수 있다는 것입니다.

오늘날 청소년층에서는 이러한 언어가 남용되고 남발되었을 때 올 수 있는 해독에 대하여 인식을 하지 못하고 있는 실정입니다. 학교와 가정과 사회가 이를 조정할 수 있는 기능을 만들어 주어야 합니다. 점차적으로 이러한 언어의 난폭이 일반화되고 정착되어 간다면 걷잡을 수 없는 사회적 문제점은 물론 개인적인 사고 영역에도 해독을 가져올 수 있다고 할 것입니다.

언어란 사회가 공통으로 통용되고 인식되어야 하는 것이기 때문에 통신용어가 채팅에만 사용되지 않고 일상적인 사용습관으로 인하여 오프라인에서도 자연스럽게 사용되고 있는 실례를 많이 보게 되는 안타까움이 있습니다. 10대들의 일상적인 대화에서도 일부러 통신언어를 사용하고 있는 경우를 쉽게 볼 수 있습니다. 자칫 이러한 형상이 남용될 때 한 나라 안에서 언어 소통이 어렵게 되어 통역이나 해석이 따라야 할 상황을 생각하지 않을 수 없습니다. 그뿐만 아니라 세대간, 계층간에 의사소통이 어려워져 엄청난 문제를 나타낼 수 있습니다.

지난 6월 '인터넷 언어 사용 실태와 문제점'이라는 주제로 열린 세미나에서 이정복 교수(대구대) 「학생의 인터넷 언어 사용 실태와 문제점」이라는 발표에서 이렇게 지적하고 있습니다. "통신언어는 일종의 사회방언으로 나름대로 존재의의를 가지고 있으나 통신공간의 익명성, 현실 규범에 기초를 두지 않은 어문 규범 일탈형의 표기 관행과 비속어, 은어, 외래어, 각종 기호문자 등의 범람을 특징으로 하기 때문에 청소년에 대한 국어교육이나 국민들의 실제 언어생활에 심각한 부작용을 가지고 있다."라고 지적하면서 그 폐단의 실제를 "대화방 언어는 대화분위기를 재미있게 하기 위해 줄임말이나 변이형의 단어를 몇 개 사용하는 수준이 아니라 맞춤법이나 문법에 맞지 않은 언어가 표준인 것처럼 인식되고, 나아가 실제 글쓰기, 심지어 일상언어 사용에까지 퍼져 나가고 있을 정도로 광범위하게 일탈현상이 나타나고 있다."라고 언어 사용의 심각성을 지적하고 있습니다.

우리가 여기서 한 가지 더 문제 삼을 것은 이러한 통신언어를 공공기관의 홍보용이나 상업적 홍보에 사용되고 있다는데 있습니다. 한때 어느 홍보 광고에 '축하'를 '추카'라는 통신언어를 부끄럼 없이 사용하는 실례를 보았습니다. 물론 홍보가치로서 청소년을 염두에 둔 것이기 때문에 효과를 나타낼 수 있을지 모르겠으나 우리 국어 교육을 오염시키는데 한몫 했다는 부끄러움을 알아야 할 것입니다. 한 예로 오늘날 우리 사회 일각에서는 '축하'를 '추카'라는 통신언어로 부끄럼 없이 통용되고 있는 실례를 볼 때 언어사용의 심각성을 보여주는 아픔이라 하겠습니다.

우리 사회와 정부는 이러한 문제의 일탈을 막기 위하여 통신언어에 대한 적절한 교육과 방법을 모색하지 않으면 문제는 심각한 양상을 초래하리라고 봅니다. 그렇지 않아도 우리 사회에는 약칭언어, 외래어의 남용이 이미 한계를 넘어서고 있다고 봅니다. 청소년층에도 교육과 계몽을 통하여 그러한 언어의 사용의 한계와 방법을 어느 선을 유지할 수 있도록 선도적 위치에 있어야 하리라고 봅니다. 그렇게 될 때 서두에 인용한 통신언어가 '야 얌체야 재수없고 무섭게 째려보지 말고 사라져 버려라'라는 해석을 하지 않아도 되리라고 생각합니다.

이 시대, 시의 문제점

오늘날 시라는 장르는 그 장르 자체가 흔들릴 정도로 유별난 표현의 극치를 이루고 있다. 과연 이러한 것도 시라고 해야 하느냐라는 물음 속에서 시 문학 작품이 가로질러가는 방자한 일부의 작태에 의문을 지니게 된다.

금년 신년에 발표한 신춘문예 심사평에서 과거에 보기 드문 단어들을 보게 된다. 그 몇 가지 단어들 중에 '묘사력' '분방한/활달한/ 자유로운 상상력' '기발' '재미' '경쾌' '시류적 어투' '산문성' 등 시류적인 단어를 심사위원들은 사용하고 있다는 점이다. 말하자면 그러한 내용의 시 작품 응모가 많았다는 것이다. 사실 묘사력이라는 언어는 주로 산문적 문장의 어투에서 활용되는 단어였지 시에서는 별로 사용을 하지 않는 어투였다. 신춘문예 작품은 그 시대의 시류를 나타내기 때문에 또 어떤 괴팍한 시의 조류를 탈지 시를 사랑하는 사람들에게 고민이 아닐 수 없다.

지난 4월 모 신문에서 오늘날 변질되어 가는 현대시에 대한 하나의 현상을 기사화하고 있다. 「이것도 詩라고 해주세요」라는 시니컬한 제목으로 '난해하고 구역질날 정도로 엽기적'인 시를 인용하면서 풀어가고 있었다. 그 기사에서는 '90년대 이후 젊은 여성 시인들은 입가에 담기 민망한 단어들을 거침없이 시에 쓰는 것이 대세를 이루고 있다.'라는 말로 환상, 요설, 외설, 엽기로 무장하고 있음을 지적하고 있었다.

그뿐인가. 더 흥미로운 사실은 또 다른 일간지에서 지난 봄 신춘문예 작품모집에 시 당선작을 내지 못한 이유를 심사위원은 「왜 시를 쓰는가? 장르에 대한 고민 아쉬워」라는 제목을 통해 '친근한 일상을 그대로 묘사한 시들이 많았다. 그런데 왜 그런 일상을 하필이면 시라는 장르로 써야만 했는지, 일상을 얼마만큼의 시적 사유를 통해 해석하고, 표현하고 있는지 묻고 싶었다. 간혹 현실을 비틀어 풍자를 길어 올린 시들도 있었지만 비문, 오문이 많거나 설명의 문장들을 생경하게 노출시킨 시행들이 많이 눈에 띄었다. 무릇 한 사람이 문학작품, 그중에서도 시를 쓴다는 것은 자신의 경험과 감각, 고뇌 속에서 누구도 쓰지 않은 자신만의 문장, 어법, 이미지를 발견하고 발명해 내는 것이 아니겠는가 하는 생각이 들었다.'고 지적하고 있다. 여기서 주목해야 할 지적은 '일상을 그대로 묘사' 하고 '시라는 장르로 써야만 했는지'라는 대목에 대한 우려와 괴팍한 언어의 남용은 물론 엽기적인 시류 표현의 문제를 우려하게 된다.

위의 몇 가지 장황한 인용에서 보듯 오늘날 발표되는 몇몇 시의 흐름은 위험할 정도로 우리를 긴장하게 한다. 문명이나 문화의 가속적인 발달이나 사회 현상의 변화의 물결을 우리 시 작품이 허황된 모습에까지 끌어들여야 할 이유가 없다.

물론 새로운 시도나 실험시라는 면목으로 많은 다른 변모를 필요에 따라서는 받아들일 수는 있다. 그러나 그 자체도 시가 지니는 기본적인 골격의 틀을 유지해야 한다.

오늘날 사람이 살아가는 현실은 인간이 스스로 창안하고 체계화시킨 새로운 질서의 문명과 기계 의존도는 물론 일상적인 생활의 기본적인 활동과 생각도 이미 인간의 본질을 상실하고 수정하고 있음이 도처에 보이고 있다. 인간은 기계가 아니면 자생력을 유지할 수 없는 무능력의 인간으로 추락하고, 인간의 본질적인 사고 영역과 수리에 관한 원리는 이미 두뇌 작용에서 멀어져 가고 있음을 오늘날 창작되는 새로운 작품에서 현실화되고 있음을 어찌 할 것인가.

또 한 번 오늘이라는 현대에서 시가 무엇인가라는 고민에 빠져 볼 일이다.

(한국현대시. 권두언)